Daniela Niebisch

Deutsch üben

Phonetik – Übungen und Tipps für eine gute Aussprache A2

Buch mit Audios online und App mit Videos

Hueber Verlag

Umschlagfoto: © Getty Images/E+/skynesher
Zeichnungen: Irmtraud Guhe, München

Inhalt der MP3-Dateien zum Buch:
© 2020 Hueber Verlag GmbH & Co. KG, München
Sprecher: Peter Veit, Dascha von Waberer
Produktion: Scheune München mediaproduction GmbH, 80797 München, Deutschland

Der kostenlose MP3-Download zum Buch ist unter
www.hueber.de/audioservice erhältlich.
Weitere Informationen zur App finden Sie unter
http://go.hueber.de/ar-apps

Wir danken Frau Leonore Fischer für die fachliche Beratung.

3. 2. 1. | Die letzten Ziffern
2024 23 22 21 20 | bezeichnen Zahl und Jahr des Druckes.
Alle Drucke dieser Auflage können, da unverändert,
nebeneinander benutzt werden.
1. Auflage

Umschlaggestaltung: Sieveking · Agentur für Kommunikation, München
Layout und Satz: Sieveking · Agentur für Kommunikation, München
Verlagsredaktion: Elisa Klüber und Katharina Zurek, Hueber Verlag, München
Druck und Bindung: Firmengruppe APPL, aprinta druck GmbH, Wemding
Printed in Germany
ISBN 978–3–19–027493–2

Art. 530_26585_001_01

Inhalt

Vorwort

Liebe Lernende,

Deutsch üben **Phonetik – Übungen und Tipps für eine gute Aussprache A2** ist ein Übungsbuch für Anfänger mit Vorkenntnissen auf dem Niveau A2 zum selbstständigen Training der Aussprache und zur Verbesserung des Sprechens.

In diesem Buch werden die relevanten Themen der Phonetik aufgegriffen: **Teil A** erklärt die korrekte Betonung von Wörtern und in Sätzen. **Teil B** behandelt die Vokale, **Teil C** die Konsonanten.

Plakative Hörbilder und Mini-Dialoge zeigen Missverständnisse, die durch eine falsche Aussprache entstehen können, und sensibilisieren für die Wichtigkeit einer guten Aussprache.

Die Übungen orientieren sich in Grammatik, Wortschatz und kommunikativen Situationen an den Inhalten, die in A2-Lehrwerken üblicherweise vermittelt werden. Kreative Übungsformen wie Gedichte und Zungenbrecher sorgen für Abwechslung.

Alle Wörter und Dialoge können Sie unter www.hueber.de/audioservice/ anhören und kostenlos herunterladen. So haben Sie ein Muster für die korrekte Aussprache. Außerdem werden Sie durch einfache Erklärungen und praktische Tipps sowie anschauliche Videos unterstützt, die Sie über die kostenlose App abrufen können.
Weitere Informationen zur App finden Sie unter http://go.hueber.de/ar-apps.

Die Lösungen zu den Übungen sowie die Hörtexte finden Sie im Anhang des Buches.
Viel Spaß beim Üben!

Autorin und Verlag

!	Regel	▶ 1.01	Track	• der
				• die
💡	Tipp	▣ 01	Video	• das
☝	Vorsicht			• die (Plural)

A

A1 Wortakzent

▶ 1.01 1 Richtig ausgesprochen?

Was sagt der Mann? Was meint er? Hören Sie und kreuzen Sie an.

Er sagt: ☐ Kaffee ☐ Café
Er meint: ☐ Kaffee ☐ Café

In Österreich betont man das Wort *Kaffee* auf der zweiten Silbe: Kaf**fee**.

2 Mein Frühstück

▶ 1.02 **a** Hören Sie und markieren Sie die betonte Silbe.

• Brötchen • Joghurt • Marmelade • Honig • Müsli • Banane
• Bananenmilch • Kaffee • Orangen • Orangensaft • Eier • Schinken

b Hören Sie noch einmal und ordnen Sie die Wörter dem passenden Akzentmuster zu.

O o *Brötchen,* ____________________
o O o ____________________
o O o o ____________________
o o O o ____________________

▶ 1.03 **c** Hören Sie und wiederholen Sie die Antwort. Hören Sie zuerst ein Beispiel.

● Was isst du zum Frühstück?
▲ Ein Brötchen mit Marmelade oder Honig.

Im Deutschen kann die Betonung auf jeder Silbe sein (vergleiche Ungarisch: immer erste Silbe, Französisch: letzte Silbe). Es gibt häufigere und weniger häufige Muster. Lernen Sie am besten zu jedem Wort die korrekte Betonung.

A

3 Kunst und Kultur

▶ 1.04 **a** Hören Sie und markieren Sie die betonte Silbe.

• Bühne • Musik singen • Konzert • Karte • Konzertkarte
• Künstler • Künstlerin • Sängerin • Schauspieler • Kultur
ausstellen • Ausstellung • Ermäßigung reservieren • Theater
• Museum • Literatur interessant uninteressant

b Hören Sie noch einmal und wiederholen Sie.

!

Diese Regeln können bei der korrekten Betonung helfen:

- Sehr viele Wörter betont man auf der ersten Silbe: • **Büh**ne
- Viele „internationale" Wörter betont man auf der letzten Silbe: • Mu**sik**
- Bei Komposita bestimmt die Betonung des ersten Wortes die Betonung insgesamt: • **Kar**te → • Kon**zert**karte

  Kon**zert** + **Kar**te = Kon**zert**karte
- Bei trennbaren Verben und abgeleiteten Nomen ist die Betonung auf dem Präfix: **aus**stellen, • **Aus**stellung
- Die nicht trennbaren Präfixe *be-, ent-, er-, ge-, ver-, zer-* sind nicht betont: er**mäß**igen, • Er**mäß**igung
- Deutsche Suffixe *(-chen, -(l)er, -ig, -lich, -heit, -keit, -ung ...)* sind nicht betont: • **Künst**ler
- Die meisten Suffixe aus dem Lateinischen oder Griechischen *(-ent, -ist, -tät, -tion, -ur ...)* sind betont: • Kul**tur**
- Verben auf *-ieren* und abgeleitete Nomen betont man auf *-ie-*: reser**vie**ren, • Reser**vie**rung
- Das Präfix *un-* ist betont: **un**interessant

4 Wortfamilien

a Markieren Sie die betonte Silbe.

1 fahren • Fahrer mitfahren • Mitfahrerin abfahren • Abfahrt
• Abfahrtszeit • Fahrrad • Kinderfahrrad

2 kaufen einkaufen • Einkäufe verkaufen • Verkauf • Verkäuferin
verkäuflich unverkäuflich • Kaufhaus • Kaufmann • Bankkaufmann

▶ 1.05 **b** Hören Sie und wiederholen Sie.

A

5 Im Rhythmus: Wörter bilden

a Ergänzen Sie das Gegenteil.

freundlich	*unfreundlich*	zufrieden	______
sympathisch	______	pünktlich	______
höflich	______	ordentlich	______

▶ 1.06 **b** Hören Sie und sprechen Sie leise mit.

6 Auf Reisen

a Gleiche Betonung: Welches Wort passt nicht in die Reihe? Streichen Sie es durch.

1 • Reise • Urlaub • ~~Tourist~~ • Ankunft
2 • Hotel • Balkon • Gepäck • Zimmer
3 • Hotelzimmer • Einzelzimmer • Doppelzimmer • Zimmerschlüssel
4 • Aufenthalt willkommen • Unterkunft angenehm
5 ankommen ausfüllen bezahlen abreisen
6 reservieren besichtigen unterschreiben übernachten

Die Präfixe *unter-* und *über-* können betont oder unbetont sein. Vergleichen Sie: • **Unter**kunft, unter**schrei**ben

▶ 1.07 **b** Hören Sie und wiederholen Sie.

Klatschen Sie die Silben: die betonte Silbe laut, unbetonte Silben leise. ▶ 01

7 Getränke

a Was passt in die Reihe? Ordnen Sie zu.

Lieblings • Mineral ~~rot~~ • Apfel • Milch • Oktober

1	• Glas	• Weinglas	• *Rot*weinglas
2	• Flasche	• Wasserflasche	• ______wasserflasche
3	• Durst	• Kaffeedurst	• ______kaffeedurst
4	• Bier	• Festbier	• ______festbier
5	• Schorle	• Saftschorle	• ______saftschorle
6	• Getränk	• Heißgetränk	• ______heißgetränk

b Markieren Sie die betonte Silbe in den Wörtern in **a**.

▶ 1.08 **c** Hören Sie und sprechen Sie leise mit. Wiederholen Sie dann.

8 Buchstabenwörter

a Was bedeuten die Buchstabenwörter? Verbinden Sie.

1 • WG	a • Computer
2 • EU	b • Toilette
3 • PC	c • Europäische Union
4 • ICE	d • Wohngemeinschaft
5 • WC	e • Schnellzug

▶ 1.09 **b** Sätze sprechen: Hören Sie und wiederholen Sie.

> **!** Buchstabenwörter betont man auf dem letzten Buchstaben. Ausnahme:
> • **L**kw (Lastkraftwagen), • **P**kw (Personenkraftwagen = • Auto)
> In der Schweiz werden Buchstabenwörter auf dem ersten Buchstaben betont.

9 Mit Emotion, bitte!

a Was meinen Sie: Welche Silbe ist betont? Markieren Sie.

1 nervös 2 müde 3 sauer 4 zufrieden
5 optimistisch 6 traurig 7 glücklich

▶ 1.10 **b** Hören Sie und antworten Sie mit den Adjektiven aus **a**. Hören Sie zuerst ein Beispiel.

- ● Du hast heute eine Prüfung. Wie fühlst du dich?
- ▲ Ich bin nervös.

A2 Satzakzent und Rhythmus

1 Die Berge

▶ 1.11 **a** Hören Sie die Dialoge und lesen Sie mit.

1 ● Was magst du **lie**ber: die **Ber**ge oder das **Meer**?
▲ Die **Ber**ge.

2 ● Magst du die Berge und das Meer **auch**?
▲ Die Berge mag ich **nicht**.

3 ● Wohin fährst du im **Som**mer?
▲ In die **Ber**ge.

4 ● Was macht ihr am **Wo**chenende?
▲ Wir fahren in die **Ber**ge.

5 ● Habt ihr schon Pläne für den **Ur**laub?
▲ **Ja**. Wir wollen in die **Ber**ge fahren.

6 ● Was wollen wir morgen **ma**chen?
▲ Was hältst du von einem Ausflug in die **Ber**ge?

▶ 1.12 **b** Hören Sie noch einmal und sprechen Sie den Mann. Achten Sie auf die **fetten** Silben.

c Hören Sie noch einmal und antworten Sie nun mit: *das Meer – ans Meer.*

!

Wörter, die zusammengehören, bilden eine rhythmische Wortgruppe.
- Man spricht eine Wortgruppe ohne Pause.
- Jede Wortgruppe hat eine besonders stark betonte Silbe.
- Auch Sätze können eine Wortgruppe bilden.

- Sätze kann man aber auch in mehrere Wortgruppen teilen, besonders wenn die Sätze länger sind: Im **Som**mer fahren wir mit den **Kin**dern in die **Ber**ge.

Der Sprecher entscheidet, welche Silben/Wörter betont werden und wie viele.

2 Schlechtes Wetter

▶ 1.13 **a** Hören Sie und verbinden Sie mit dem passenden Rhythmus.

1 Es ist neblig.	a o O o
2 Es schneit.	b o o o o O o
3 Es regnet.	c o o o O
4 Es ist bewölkt.	d o O
5 Es gibt einen Sturm.	e o o O o
6 Es gibt ein Gewitter.	f o o o o O

▶ 1.14 **b** Hören Sie und wiederholen Sie.

> Summen oder brummen Sie den Rhythmus.
> So hören Sie die betonte Silbe besonders gut.

3 Fit und gesund

▶ 1.15 **a** Hören Sie und kreuzen Sie an: Wo ist der Rhythmus gleich?

1	☒ abnehmen	☐ nicht rauchen	☒ Sport machen
2	☐ mehr schlafen	☐ viel lachen	☐ Obst essen
3	☐ sich bewegen	☐ zu Fuß gehen	☐ sich ausruhen
4	☐ Gymnastik machen	☐ ins Schwimmbad gehen	☐ früh ins Bett gehen

b Hören Sie noch einmal und sprechen Sie leise mit. Wiederholen Sie dann.

c Ratschläge geben: Sprechen Sie Sätze mit *Du solltest* ...

Du solltest **ab**nehmen.
Du solltest nicht **rau**chen.
Du solltest **Sport** machen.
...

> Betonte Silben/Wörter spricht man lauter, langsamer und deutlicher!

4 Vorschlag fürs Wochenende

▶ 1.16 Hören Sie und sprechen Sie leise mit. Wiederholen Sie dann.

ausgehen
mal wieder **aus**gehen
am Wochenende mal wieder **aus**gehen
Wir könnten am Wochenende mal wieder **aus**gehen.

> Die Betonung ist häufig hinten im Satz. Bauen Sie Ihre Sätze von hinten, wenn Sie üben.

A

5 Eine nette Kollegin

▶ 1.17 **a** Hören Sie und markieren Sie die am meisten betonte Silbe.

1 Meine Kollegin bringt mir morgens immer einen Kaffee.

2 Meine Kollegin bringt mir morgens immer einen Kaffee.

3 Meine Kollegin bringt mir morgens immer einen Kaffee.

4 Meine Kollegin bringt mir morgens immer einen Kaffee.

5 Meine Kollegin bringt mir morgens immer einen Kaffee.

6 Meine Kollegin bringt mir morgens immer einen Kaffee.

▶ 1.18 **b** Hören Sie und antworten Sie mit den Sätzen aus **a**. Hören Sie zuerst ein Beispiel.

● Wie **nett**! Deine Kollegin bringt dir morgens immer einen **Tee**.

▲ Meine Kollegin bringt mir morgens immer einen **Kaf**fee.

Durch die Betonung kann man etwas korrigieren oder einen Kontrast zeigen. **!**

6 Demonstrativpronomen: Kleidung

▶ 1.19 **a** Hören Sie die Dialoge und lesen Sie mit.

1 ● **Und**? **Passt** dir die Hose?
▲ **Nein**. Die passt mir **nicht**. Aber **die** passt mir.

2 ● Haben Sie das Hemd auch in **Blau**?
▲ Welches Hemd **mei**nen Sie?
● **Das** da. Das mit den **Strei**fen.

3 ● Nehmen Sie **die**se Bluse oder **die**se?
▲ Ich nehme **die** hier. Die mit den roten **Punk**ten.

4 ● Was soll ich nur **an**ziehen?
▲ Zieh doch den grauen **Rock** an.
● **Den** Rock ziehe ich bestimmt nicht an! Der ist **häss**lich.

b Lesen und sprechen Sie die Dialoge. Achten Sie auf die betonten Silben.

7 Mit Emotion, bitte!

▶ 1.20 **a** Hören Sie den Dialog und lesen Sie mit.

● Das **gibt's** doch nicht! Ge**ra**de erst habe ich die Küche ge**putzt**. Sie war to**tal** **sau**ber. Kannst du nicht **ein**mal **selbst** aufräumen, wenn du **kochst**?

▲ **So** schmutzig **ist** es doch nicht. Das können wir **ganz schnell auf**räumen.

● **Nein**. **Du** hast die Küche **schmut**zig gemacht. **Du** räumst sie wieder **auf**.

▲ Das ist **nicht nett** von dir. Ich bin **echt** ent**täuscht**.

● **Wie** bitte? **Ich** mache hier **al**les und **du** bist ent**täuscht**?

▲ **Ja**, **ja**, **ist gut**. Ich putze die Küche so**fort.**

b Lesen und sprechen Sie den Dialog.

> **!**
>
> Pausen strukturieren und helfen zu verstehen.
>
> Hier muss man Pausen machen:
>
> – nach jedem Satzzeichen (Komma, Punkt, Fragezeichen …): Malen wir, | Mama? |
>
> – vor *und* und *oder,* bei Aufzählungen oder wenn ein neuer Satz / eine neue Wortgruppe beginnt: Ich mache hier alles | und du bist enttäuscht? |
>
> Hier kann man Pausen machen:
>
> – nach Zeitwörtern und nach Ortsangaben am Satz-Anfang:
> Heute | gehe ich nicht zur Arbeit. | Aber morgen. |
> An der Wand | hängt ein Bild. |
>
> – zwischen Wortgruppen. Als Sprecher entscheiden Sie selbst, wann Sie eine Pause machen.
>
> Pausen können die Bedeutung verändern: Malen wir Mama? | Malen wir, | Mama? |

8 Sinnvolle Pausen

▶ 1.21 **a** Welchen Satz hören Sie zuerst, welchen dann? Nummerieren Sie.

1
- [2] Malen wir **Ma**ma? |
- [1] **Ma**len wir, | **Ma**ma? |

2
- [ ] Im **Nor**den regnet es **nicht**. Aber im **Sü**den.
- [ ] Im Norden **reg**net es. **Nicht** aber im Süden.

3
- [ ] **Män**ner sagen, Frauen sind **schön**.
- [ ] **Män**ner, sagen **Frau**en, sind **schön**.

4
- [ ] Mia und Basti heiraten **nicht**: Er **woll**te, sie **nicht**.
- [ ] Mia und Basti heiraten **nicht**: Er **woll**te sie nicht.

5
- [ ] Ich **ar**beite. Nicht **stö**ren, **bit**te.
- [ ] Ich arbeite **nicht**. **Stö**ren, **bit**te.

6
- [ ] Peter will **kom**men.
- [ ] **Pe**ter! Will**kom**men.

b Markieren Sie die Pausen mit |.

c Lesen und sprechen Sie den Text.

9 Im Rhythmus: Eine kleine Wohnung

a Sehen Sie das Bild an und ergänzen Sie die Wörter.

• ~~Bild~~ • Bücher • Gläser • Hund • Jacken
• Kissen • Mann • Pflanzen • Teppich

1 An der Wand | hängt ein Bild. |
Auf dem Bett liegt ein ________________.
Auf dem Stuhl sitzt ein ________________.
2 Auf dem Sofa liegen ________________.
Auf dem Boden liegt ein ________________.
An den Fenstern stehen ________________.
3 Im Regal stehen ________________.
Auf dem Tisch stehen ________________.
Und im Schrank hängen ________________.

▶ 1.22 **b** Hören Sie und ordnen Sie den passenden Rhythmus zu.

o o O o o O o   • o o O o o o O o   • o o O o o O

1 ______________________________
2 ______________________________
3 ______________________________

c Markieren Sie in **a** die am meisten betonten Silben in den rhythmischen Wortgruppen sowie die Pausen mit |.

d Hören Sie noch einmal und sprechen Sie leise mit.

Betonte Silben muss man mit Kraft und Energie sprechen! Klopfen Sie bei betonten Silben auf den Tisch oder stampfen Sie mit dem Fuß.

10 Im Rhythmus: Der Bus

▶ 1.23 **a** Hören Sie und markieren Sie die Pausen mit |.

1 Ein Bus |
steht an der Ampel
und wartet dort auf Grün.
Ein Kind
schießt einen Ball rein.
Das Fenster ist kaputt.

2 Ein Bus
steht an der Ecke
und will bald wieder fahr'n.
Ein Kind
steigt in den Bus ein
mit Eis – oje, oje!

b Hören Sie noch einmal und markieren Sie die am meisten betonte Silbe in den rhythmischen Wortgruppen.

11 Schreck in der Nacht

a Bereiten Sie den Text vor und markieren Sie alle Pausen mit | sowie die am meisten betonten Silbe in den Wortgruppen.

Ein Mann | hat einen Spiegel im Schrank. | Eines Nachts wacht er auf, öffnet seinen Schrank und sieht sich im Spiegel. Er ruft die Polizei und sagt: „Kommen Sie schnell! In meinem Schrank ist ein fremder Mann."
Die Polizei kommt und schaut in den Schrank. „Das darf doch nicht wahr sein", ärgert sich der Polizist. „Warum haben Sie denn die Polizei gerufen, wenn schon ein Polizist hier ist?"

▶ 1.24 **b** Hören Sie und vergleichen Sie mit Ihrer Lösung.

c Lesen und sprechen Sie den Text.

Üben Sie die Betonung mit kurzen Gedichten und Geschichten oder mit rhythmischen Liedern. Bei diesen Textsorten kommt es auf eine gute Präsentation an.

A3 Melodie

1 Richtig ausgesprochen?

▶ 1.25 Hören Sie den Dialog und kreuzen Sie an.

- ● Das Obst sieht **le**cker aus. ↓
- ▲ **Ja**, → es ist alles **ganz frisch**. ↓
- ● Was haben Sie denn im **An**gebot? ↓
- ▲ Äpfel und **Bir**nen, → Orangen und Ba**na**nen ... →
- ● Und was **noch**? ↑
- ▲ Das ist **al**les. ↓
- ● **Ach**! ↓ Das habe ich aber **ganz** anders verstanden. ↓

1 Was ist das Problem?

Die Frau hat geglaubt, dass
- ☐ der Obstverkäufer mehr Früchte im Angebot hat.
- ☐ die Früchte nicht frisch sind.

2 Warum hat sie das geglaubt?
- ☐ Weil er mit der Stimme nicht nach unten gegangen ist.
- ☐ Weil seine Stimme ein bisschen traurig war.

!

Die Melodie zeigt, wie man eine Äußerung verstehen soll: als Aussage, als Frage oder als Bitte.

Die Melodie geht am (Satz-)Ende
nach unten ↓
- in Aussagen: Das ist **al**les**.**
- bei Bitten und Aufforderungen (Imperativ): **Schau**en Sie**!**
- in den meisten W-Fragen: Was haben Sie denn im **An**gebot**?**

nach oben ↑
- in Ja-/Nein-Fragen: Ist das Obst **frisch?**
- in Fragen ohne Fragewort: **Noch** etwas**?**
- in W-Fragen, wenn man nachfragt, zurückfragt oder wenn man besonders freundlich fragt: Und was **noch?**

Die Melodie bleibt in der Mitte →, wenn man weitersprechen will:
Äpfel und **Bir**nen**,** → Orangen und Ba**na**nen. ↓

2 Umgezogen

a Lesen Sie den Dialog und ergänzen Sie zuerst nur die Satzzeichen: Punkt (.), Fragezeichen (?) oder Komma (,).

- ● Max ist **um**gezogen _._ _↓_
- ▲ Mit seiner Fa**mi**lie _____ _____
- ● **Nein** _____ _____ al**lein** _____ _____
- ▲ Al**lein** _____ _____ Ist er ge**schie**den _____ _____
- ● Ja _____ _____ er ist ge**schie**den _____ _____ Seit vier Mo**na**ten _____ _____
- ▲ Seit **vier** Monaten schon _____ _____
- ● Oder seit **fünf** _____ _____ Jetzt ist er **um**gezogen _____ _____ Nach Ber**lin** _____ _____
- ▲ Nach Ber**lin** _____ _____ Ich habe immer ge**dacht** _____ _____ er **mag** die Stadt nicht _____ _____
- ● Warum soll er die Stadt nicht **mö**gen _____ _____
- ▲ Er liebt die Na**tur** _____ _____ glaube ich _____ _____

▶ 1.26 **b** Hören Sie und markieren Sie jetzt die Melodie mit →, ↓ oder ↑.

▶ 1.27 **c** Karaoke: Hören Sie noch einmal und sprechen Sie die Frau.

3 Im Büro: Kurz vor Arbeitsende

▶ 1.28 **a** Frage oder Aufforderung? Hören Sie und ergänzen Sie das Satzzeichen: Fragezeichen (?) oder Ausrufezeichen (!).

1. Räumen Sie Ihren **Schreib**tisch auf _!_
2. Bringen Sie die **Brie**fe zur Post ____
3. Schließen Sie alle **Fens**ter ____
4. Machen Sie den **Dru**cker aus ____
5. Kopieren Sie noch die Doku**men**te ____
6. **War**ten Sie auf mich ____

b Hören Sie noch einmal und sprechen Sie leise mit. Wiederholen Sie dann.

A

4 Kleiderfragen

▶ 1.29 Hören Sie die Frage und antworten Sie. Hören Sie zuerst ein Beispiel.

1 die **wei**ße Bluse
2 die **blau**e Hose
3 die **braun**en Schuhe
4 die **grau**e Jacke
5 den **ro**ten Pulli
6 das **schwar**ze Hemd

● **Wel**che Bluse soll ich anziehen? ↓
▲ Die **wei**ße Bluse. ↓
● Die **wei**ße Bluse? ↑
▲ Ja →, die **wei**ße Bluse. ↓

!

Die meistbetonte Silbe in einer Äußerung ist am höchsten oder am tiefsten.
Vergleichen Sie:
Die **weiße** Bluse. Die **weiße** Bluse?

Zeichnen Sie die Melodie mit der Hand mit, wenn Sie sprechen. Sehen Sie sich auch das Video an. ▶ 02

Oder machen Sie Gymnastik:
Stehen Sie locker in den Knien.

Strecken Sie die Knie, wenn die Stimme beim Satzakzent nach oben geht.

Gehen Sie in die Knie, wenn die Stimme beim Satzakzent nach unten geht.

5 Ich packe meinen Koffer …

▶ 1.30 **a** Hören Sie und sprechen Sie leise mit.

Ich packe meinen **Ko**ffer → und nehme eine **Sei**fe mit. ↓
Ich packe meinen **Ko**ffer → und nehme eine **Sei**fe → und ein **Hand**tuch mit. ↓
Ich packe meinen **Ko**ffer → und nehme eine **Sei**fe, → ein **Hand**tuch → und eine **Zahn**bürste mit. ↓

b Machen Sie die Liste länger und nehmen Sie immer ein Wort mehr dazu.

• Seife • Handtuch • Zahnbürste • Regenschirm • Schlafanzug • Socken

6 Viele Fragen

▶ 1.31 **a** Hören Sie und markieren Sie die Melodie mit ↑ oder ↓.

1 Wie spät ist es? ↓
2 Ist das der Zoo? ____
3 Wann kommt der Bus? ____
4 Gibt es in der Nähe eine Bank? ____
5 Wer sind Sie? ____
6 Wo ist der Bahnhof? ____

b Schreiben Sie die indirekten Fragen. Achten Sie auf die richtige Wortstellung.

1 Entschuldigung, → wissen Sie, → *wie spät es ist*? ↑
2 Entschuldigung, → ich möchte gern wissen, → ______________________. ↓
3 Entschuldigung, → weißt du, → ______________________? ↑
4 Entschuldigung, → kannst du mir sagen, → ______________________? ↑
5 Entschuldigung, → darf ich fragen, → ______________________? ↑
6 Entschuldigung, → kannst du mir bitte zeigen, → ______________________? ↑

▶ 1.32 **c** Hören Sie die Sätze aus **b** und sprechen Sie leise mit. Wiederholen Sie dann.

7 Ein böser Traum

▶ 1.33 **a** Hören Sie und markieren Sie zuerst nur die Pausen mit |.

Ein Mann | geht zur Ärztin. | ↓

- Es geht mir sehr schlecht. ____ Ich kann nicht mehr schlafen, ____ weil ich jede Nacht den gleichen schlimmen Traum habe. ____
- ▲ Erzählen Sie doch mal! ____
- Also, ____ ich stehe vor einer Tür, ____ an der ein Schild hängt. ____ Ich drücke ____ und drücke ____ und drücke, ____ aber die Tür öffnet sich nicht. ____
- ▲ Interessant. ____ Was steht denn auf dem Schild? ____
- Bitte ziehen! ____

b Hören Sie ein zweites Mal und markieren Sie jetzt die Melodie mit → oder ↓.

c Hören Sie ein drittes Mal und markieren Sie in jeder Wortgruppe die am meisten betonte Silbe.

d Lesen und sprechen Sie den Witz mit viel Emotion.

B

B1 Lange und kurze Vokale

1 Richtig ausgesprochen?

▶ 2.01 Was sagt der Mann? Was meint er? Hören Sie und kreuzen Sie an.

Er sagt: ☐ Suppe ☐ super

Er meint: ☐ Suppe ☐ super

> Vokale können lang oder kurz gesprochen werden. Die Schreibweise hilft oft zu erkennen, ob man den Vokal lang oder kurz sprechen muss. **!**

2 Richtig schreiben und richtig sprechen

a Ordnen Sie die Wörter zu.

• Sommer • Boot erzählen • See • Fahrrad schwimmen ohne packen • ~~Haare~~ sitzen sehr • Uhr • Fuß fröhlich ihr • Wasser • Wiese kühlen

lang

aa, ah	*Haare,*	öh	
äh		uh	
ee, eh		üh	
ie, ih		Vokal + ß	
oo, oh			

kurz

Vokal + mm, nn, ss … ______

Vokal + ck ______

Vokal + tz ______

▶ 2.02 **b** Hören Sie und lesen Sie mit.

> **Sommer**
> Die Badesachen packen
> mit dem Fahrrad an den See
> die Haare im Wind
> die Füße im Wasser kühlen
> Boot fahren
> schwimmen
> auf der Wiese sitzen
> Geschichten erzählen
> fröhlich den Tag verbringen
> ohne Uhr.
> Ach, ihr habt es sehr gut!

c Lesen und sprechen Sie den Text.

3 Das Mehrfamilienhaus

▶ 2.03 Welche Familie wohnt wo? Hören Sie und ordnen Sie zu.

Kahl • ~~Kall~~ • Kehler • Keller • Kiel • Kill • Kohl • Koll • Kuhler • Kuller

	links	Mitte	rechts
Dachgeschoss			
zweiter Stock			
erster Stock			
Erdgeschoss	*Kall*		

4 Silbenrätsel: Geschirr

a Bilden Sie noch sechs Wörter aus den Silben.

fel ~~Kan~~ ler Löf Mes ~~ne~~ ne Pfan Schüs se sel ser Tas Tel

Kanne, ____________________

____

b Ordnen Sie die Wörter aus **a** zu.

1 ein ______________ Zucker
2 eine ______________ Kaffee
3 ein ______________ Suppe
4 eine *Kanne* Milch
5 eine ______________ voll Bratkartoffeln
6 eine ______________ für Salat
7 ein Fisch______________

▶ 2.04 **c** Hören Sie und sprechen Sie leise mit. Wiederholen Sie dann.

Doppelkonsonanten (**ff, ll, nn** ...) spricht man als einen Konsonanten.

Kan-ne Ka-ne

5 Anzeigen

a Lang oder kurz? Ein oder zwei Buchstaben? Ergänzen Sie.

1 Ha___en (b/bb) Sie einen guten Schulabschlu___ (s/ss)? Mö___en (g/gg) Sie Menschen? Machen Sie eine Ausbildung in der Pfle___e (g/gg). Begi___ (n/nn): 01.09.

2 Bä___er/-in (k/ck) gesucht! Schi_____en (k/ck) Sie ___re (l/lh) Bewerbung bi___e (t/tt) an Café Schmoll oder ru___en (f/ff) Sie an. Gute Bez___lung (a/ah)!

▶ 2.05 **b** Hören Sie und wiederholen Sie. Achten Sie auf die langen und die kurzen Vokale.

> Vokal + Konsonant + Vokal bedeutet normalerweise: Der betonte Vokal ist lang: **haben**, **mögen**, • **Pflege**
> Achtung: Wörter mit nur einer Silbe können lang oder kurz sein: **gut**, **an**
> **!**

6 Der Sturz

▶ 2.06 **a** Lang oder kurz: Welches Wort passt nicht in die Reihe? Hören Sie und streichen Sie es durch.

1	• Wunde	~~bluten~~	kaputt	musste
2	• Boden	• Notaufnahme	hoffentlich	los
3	• Weg	wehtun	schlecht	kleben
4	nach	• Hand	• Flasche	• Pflaster
5	• Taxi	bald	lange	war

▶ 2.07 **b** Hören Sie den Dialog und lesen Sie mit.

- ● Was ist denn mit deiner Hand los?
- ▲ Auf dem Weg nach Hause bin ich gestürzt. Da war eine kaputte Flasche auf dem Boden und ich habe mich geschnitten.
- ● Oje, du Arme! Das hat sicher wehgetan.
- ▲ Es hat stark geblutet. Mir wurde schlecht. Ein Mann hat mich in die Notaufnahme gebracht. Dort musste ich lange warten. Aber dann hat eine Krankenschwester die Wunden desinfiziert und Pflaster darauf geklebt. Danach bin ich mit dem Taxi nach Hause gefahren.
- ● Hoffentlich geht es dir bald besser.
- ▲ Ach, das wird schon wieder.

Ein betonter Vokal ist kurz
– vor zwei oder mehr Konsonanten: ● **Hand**, **bald**
– vor *ng* und *nk*: **lange**, ● **Krank**enschwester
– vor *sch*: ● **Flasche**
– vor *st*: ● **Pflaster**
– vor *x*: ● **Taxi**

Der betonte Vokal ist kurz oder lang
– vor *ch*: **nach** (lang), schl**echt** (kurz)

Bei diesen Wörtern ist der Vokal lang:
● **Hus**ten, ● **Os**tern,
● **Dusch**e, ● **Mond**, ● **Obst**

7 Geschenke

▶ 2.08 **a** Hören Sie und markieren Sie die betonte Silbe.

1 ● Parfüm	3 ● Puppe	5 ● Malbuch
2 ● Rose	4 ● Konzertkarten	6 ● Pralinen

b Ist der betonte Vokal lang oder kurz? Hören Sie noch einmal und markieren Sie lang (__) und kurz (.).

▶ 2.09 **c** Hören Sie die Frage und antworten Sie mit den Wörtern aus **a**. Achten Sie auf die richtige grammatische Form: *ihr* oder *ihm*. Hören Sie zuerst ein Beispiel.

● Was schenkst du deiner Frau?
▲ Ich schenke ihr ein Parfüm.

In vielen Wörterbüchern für Deutsch als Fremdsprache wird die Wortbetonung so angegeben:
– Unterstreichung für langen Vokal: ● Parfüm
– Punkt für kurzen Vokal: ● Puppe

Lange Vokale
Legen Sie den Kopf zurück. Schauen Sie nach oben. Strecken Sie Ihren Arm nach oben und sprechen Sie zu Ihrem Zeigefinger: „Super."

Kurze Vokale
Bei einem kurzen Vokal ist der Mund lockerer.
Senken Sie Ihren Kopf. Das Kinn auf die Brust. Lassen Sie die Arme und den ganzen Körper locker hängen. Sagen Sie „Suppe".

8 Himmel, Erde, Wasser

a Ist der betonte Vokal lang oder kurz? Markieren Sie lang (__) und kurz (.) und sortieren Sie die Wörter.

• Himmel • Wolke • Mond • Sonne • Stern • Flugzeug • Berg • Wald
• Tal • Fluss • Feld • See • Ozean • Fisch • Delfin • Salz • Plastik

lang: ______________________________

kurz: *Himmel,* ______________________________

____

▶ 2.10 **b** Hören Sie und wiederholen Sie.

Legen Sie Ihren Kopf bei langen Vokalen zurück und senken Sie ihn bei kurzen Vokalen. ▣ 03

9 Labyrinth

a Die Schneckenmutter möchte zu ihrem Kind. Sie darf nur über Wörter mit einem langen Vokal gehen: nach rechts (→), links (←), oben (↑) oder schräg (↗↖). Sie muss alle Wörter mit langem Vokal mitnehmen. Wo kommt sie an: bei A, B oder C?

A	B	C
• Garage	• Stadt	• Land
• Rad	pünktlich	• Schiff
• Flug	• Benzin	tanken
• Bus	günstig	• Verspätung
langsam	• Himmel	• Fahrt
• Ticket	• Gehweg	schnell
• Straße	• Ampel	• Brücke

▶ 2.11 **b** Hören Sie und vergleichen Sie mit Ihrer Lösung. Wiederholen Sie dann.

10 Die liebe Familie

▶ 2.12 Hören Sie und sprechen Sie leise mit. Wiederholen Sie dann.

1	alt	• Vater	ein alter Vater
2	hässlich	• Schwägerin	eine hässliche Schwägerin
3	ehrlich	• Schwester	eine ehrliche Schwester
4	lieb	• Nichte	eine liebe Nichte
5	toll	• Sohn	ein toller Sohn
6	schön	• Töchter	schöne Töchter
7	klug	• Mutter	eine kluge Mutter
8	glücklich	• Brüder	glückliche Brüder

Lange und kurze Vokale klingen nicht gleich – außer bei **a** und **ä**. Es sind verschiedene Laute.

11 Tiere

▶ 2.13 **a** In welchem Wort ist der betonte Vokal anders? Hören Sie und markieren Sie das Wort.

1	• Biene	• Fische	• Delfin
2	• Hund	• Kuh	• Huhn
3	• Esel	• Ente	• Pferd
4	• Vogel	• Frosch	• Wolf
5	• Vögel	• Frösche	• Löwe

b Hören Sie noch einmal und sprechen Sie leise mit. Wiederholen Sie dann.

▶ 2.14 **c** Karaoke: Hören Sie und lesen Sie die Antworten laut.

1 ● ...
▲ Ja, einen Hund.

2 ● ...
▲ Für Vögel und Fische.

3 ● ...
▲ Mein Lieblingstier ist der Löwe.

4 ● ...
▲ Die Kuh macht „Muh".

5 ● ...
▲ Ja, aber ich habe kein eigenes Pferd.

6 ● ...
▲ Na klar! Bienen sind sehr wichtig für die Natur.

B2 Die Vokale a und ä

1 Reime

▶ 2.15 **a** Hören Sie und lesen Sie mit.

1 Die H**a**sen
springen über den R**a**sen
und stecken ihre N**a**sen
ins n**a**sse Gr**a**s.

2 **A**n Weihn**a**chten m**a**chen wir viele S**a**chen:
Wir essen, trinken und l**a**chen!

3 Wir f**a**hren in den W**a**ld.
Der ist schon sehr **a**lt
und leider auch k**a**lt.

b Hören Sie noch einmal und sprechen Sie leise mit.

c Welcher Reim passt? Ordnen Sie zu.

B • d • H • J • kl • Ł • n • Str • W • w • Pl

1	• Hand	• Land	• _____and	• _____and
2	• Zahn	• _____an	• _____ahn	
3	• Pass	_____as	_____as	_____ass
4	wahr	• _____ahr	_____ar	• _____aar

▶ 2.16 **d** Hören Sie und sprechen Sie leise mit. Wiederholen Sie dann.

Der Mund muss bei **a** weit geöffnet sein.

- Lassen Sie den Unterkiefer nach unten fallen – wie ein Fisch an Land, der nach Luft schnappt.
- Stecken Sie den kleinen Finger oder einen Stift zwischen die Zähne. Wenn Sie **a** sagen, dürfen die Zähne den Finger/ Stift nicht mehr berühren. Oben und unten muss Platz sein.
- Oder machen Sie bei **a** eine Geste wie im Video. ▶ 04

2 Mit Vokalwechsel oder ohne?

a Ergänzen Sie das Verb in der richtigen Form.

1 fangen — Peter *fängt* den Ball.
2 tragen — Anna ________________ einen Mantel.
3 fragen — Der Passagier ________________ den Taxifahrer nach dem Weg.
4 halten — Der Bus ________________ an der Haltestelle.
5 packen — Das Paar ________________ viele Päckchen.
6 machen — Am Samstagabend ________________ er eine Party.
7 lassen — Andy ________________ sein Gepäck im Hotel.
8 sammeln — Im Herbst ________________ Jack Blätter im Wald.

▶ 2.17 **b** Hören Sie und sprechen Sie leise mit. Wiederholen Sie dann.

!

Wörter mit **ä** kommen oft von Wörtern mit **a**: f**a**ngen – er/sie f**ä**ngt
Ausnahme: • K**ä**se
Man spricht ein kurzes **ä** wie ein offenes **e**. Vergleichen Sie:

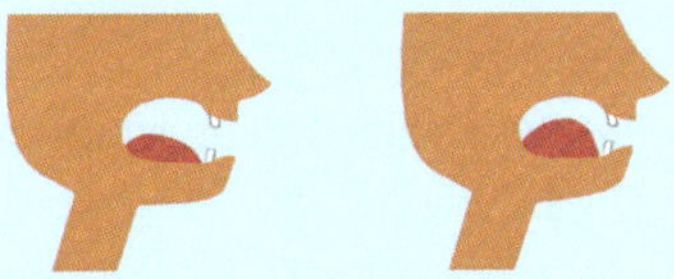

f**a**ngen — f**ä**ngt

Der betonte Vokal **ä** kann lang oder kurz sein: er/sie tr**ä**gt (lang) – er/sie f**ä**ngt (kurz)
Wann ist das **ä** kurz, wann ist es lang? → Kapitel B1
Sehen Sie sich auch das Video an. ▶ 05

3 Rätsel

Welches Wort mit *a* steckt in dem Wort mit *ä*? Lösen Sie das Rätsel und finden Sie heraus, was der Mann von Beruf ist.

1 täglich
2 • Wärme
3 • Rätsel
4 • Nähe
5 • Tänzer
6 kräftig

Lösung: Der Mann ist ____________ von Beruf.

4 So viel Ärger!

▶ 2.18 **a** Hören Sie und ergänzen Sie.

1 Der Radfahrer ärgert sich über den langsamen *Fußgänger*.
2 Ich ärgere mich über meine ________________.
3 Ärgerst du dich über schlechte ________________?
4 Die Nachbarn ärgern sich über den ________________.
5 Wir ärgern uns über zu viel ________________.
6 Mama ärgert sich immer über ihre ________________.
7 Wer ärgert sich nicht über ein kaputtes ________________?
8 Ärgere dich doch nicht über den ________________!

b Hören Sie noch einmal und sprechen Sie leise mit. Wiederholen Sie dann.

5 Mit Emotion, bitte: Armer Mann!

a Bereiten Sie den Text vor und markieren Sie *a* und *ä*.

Ein Mann geht zur Ärztin. Er sagt:
„Ach, ich bin ein armer Mann und habe ein Problem: Niemand beachtet mich!“
„Der Nächste, bitte.“

▶ 2.19 **b** Hören Sie und lesen Sie mit.

c Lesen und sprechen Sie den Text.

6 Zungenbrecher

▶ 2.20 Hören Sie und sprechen Sie dann selbst.

Wir b**a**cken Geb**ä**ck so lecker wie vom B**ä**cker.
Geb**ä**ck so lecker wie vom B**ä**cker b**a**cken wir.

B3 Der Vokal e

1 Richtig ausgesprochen?

▶ 2.21 Was sagt die Frau? Was meint sie? Hören Sie und kreuzen Sie an.

Sie sagt:	☐ stehlen	☐ stellen
Sie meint:	☐ stehlen	☐ stellen

! Der betonte Vokal **e** kann lang oder kurz sein: st**e**hlen (lang) – st**e**llen (kurz). Das lange und das kurze **e** spricht man nicht gleich! Es sind zwei verschiedene Laute. Sehen Sie sich das Video an. ▶ 06

Wann ist das **e** kurz, wann ist es lang? → Kapitel B1

2 Gleich oder verschieden?

▶ 2.22 **a** Sie hören zwei Wörter. Ist das betonte *e* in beiden Wörtern gleich oder verschieden? Kreuzen Sie an.

	gleich	nicht gleich
1	☐	☒
2	☐	☐
3	☐	☐
4	☐	☐
5	☐	☐
6	☐	☐
7	☐	☐
8	☐	☐

Schließen Sie die Augen und konzentrieren Sie sich auf das Hören. Für eine gute Aussprache ist es ein Vorteil, wenn Sie nicht durch die Orthografie abgelenkt sind. Möchten Sie trotzdem alle Wörter auch sehen und lesen? Sie finden sie im Lösungsschlüssel.

b Hören Sie noch einmal und wiederholen Sie.

B

3 Wo oder wohin?

a Ergänzen Sie das passende Verb in der richtigen Form.

1 Das Essen *steht* auf dem Herd. (stehen – stellen)
2 Du kannst die Teekanne auf den Tisch ____________. (stellen – legen)
3 Die Lampe ____________ an der Decke. (stehen – hängen)
4 ____________ das Regal bitte in die Ecke. (stellen – liegen)
5 Wir ____________ die Kissen auf das Bett. (liegen – legen)
6 Ich ____________ das Handy in die Hosentasche. (stecken – legen)

▶ 2.23 **b** Hören Sie und kontrollieren Sie Ihre Lösung.

▶ 2.24 **c** Hören Sie die Fragen und antworten Sie mit den Sätzen aus **a**.

Das kurze, offene **e** und das **ä** spricht man gleich. Vergleichen Sie: st**e**llen – h**ä**ngen **!**

4 Eine Fabel

▶ 2.25 **a** Hören Sie und ergänzen Sie die fehlenden Wörter.

Ein Bauer hat ein *Pferd* und einen Esel. ____________ er seine Lebensmittel zum Markt bringt, lädt er die eine ____________ auf das Pferd und die andere ____________ auf den Esel. Das ____________: Der Esel ist viel ____________ als das Pferd. Eines Tages sagt der Esel zum Pferd: „Ach, es ist zu ____________ für mich. Du bist ____________ als ich. Kannst du nicht mehr ____________?" Aber das Pferd sagt Nein. Schließlich stirbt der Esel, als sie ____________ zum Markt sind. Deshalb packt der Bauer alle ____________ auf das Pferd. Das Pferd sagt traurig: „Ach, ich armes Pferd. Wenn der Esel noch ____________ würde, dann würde ich ihm ____________. Und ich müsste nicht alles allein tragen."
(nach Äsop)

b Lesen und sprechen Sie den Text. Achten Sie besonders auf die Wörter mit *ä* und *e*.

5 Richtig ausgesprochen?

▶ 2.26 Was sagt der Mann? Was meint er? Hören Sie und kreuzen Sie an.

Er sagt: ☐ Melonen ☐ Millionen

Er meint: ☐ Melonen ☐ Millionen

Das lange **e** und **i** sind nicht gleich. Für **i** muss man den Mund noch ein bisschen mehr schließen und die Zunge noch mehr gegen den Gaumen drücken.

Vergleichen und üben Sie auch mit Englisch:

● Tee – tea ● See – sea

6 Mit Emotion, bitte: Kleine Gespräche

▶ 2.27 **a** Welches Wort hören Sie zuerst, welches als Zweites? Nummerieren Sie.

1 kennen _2_ ● Kinder _1_
2 ● Bett ___ bitte ___
3 er ___ ihr ___
4 setzen ___ sitzen ___
5 ● Fehler ___ viele ___
6 mehr ___ mir ___

▶ 2.28 **b** Hören Sie die Dialoge und lesen Sie mit.

1 ● Setzen Sie sich bitte!
▲ Danke, ich sitze schon.

2 ● Ab ins Bett, Kinder!
▲ Oh, bitte, noch zehn Minuten!

3 ● Kennt ihr euch?
▲ Ich kenne ihn. Aber er kennt mich nicht.

4 ● Ich habe so viele Fehler im Test.
▲ Nicht so schlimm! Nächstes Mal wird es besser.

5 ● Ich habe kein Geld mehr. Kannst du mir welches geben?
▲ Ich habe leider auch keins mehr.

c Lesen und sprechen Sie die Dialoge.

7 Das bunte Zimmer

a Ergänzen Sie den Plural.

• Tisch	• *Tische*	• Blume	• ________
• Stuhl	• ________	• Vase	• ________
• Wand	• ________	• Boden	• ________
• Teppich	• ________	• Sessel	• ________
• Lampe	• ________	• Spiegel	• ________

▶ 2.29 **b** Hören Sie so oft wie nötig und kolorieren Sie das Bild.

c Hören Sie noch einmal und streichen Sie alle *-e* durch, die man nicht oder kaum hört.

Die Wände sind gelb. An den gelben Wänden hängen Spiegel mit schwarzem Rahmen. Von der Decke hängen grüne Lampen. Um einen runden, roten Tisch stehen blaue Stühle. Auf dem Tisch steht eine Vase mit weißen Blumen. In der Ecke gibt es einen braunen Sessel. Auf dem grauen Boden liegen gelbe Teppiche. Gefällt es dir hier? Dann besuch mich doch mal!

d Lesen und sprechen Sie den Text.

In nicht betonten Silben spricht man **e** nur schwach (• Vas**e**). In den Endsilben *-en* (• Bod**en**), *-el* (• Sess**el**), *-em* (schwarz**em**) fällt es häufig sogar komplett weg.
Auch in den Präfixen *ge-* (**ge**fallen) und *be-* (**be**suchen) spricht man **e** reduziert. **!**

Nach *p* und *b* wird *-en* oft zu „m": „Lampm" (• Lampen)
Nach *k* und *g* wird *-en* oft zu „ng": „Deckng" (• Decken)

8 Viele Leute, eine Frau

▶ 2.30 **a** Welches Wort hören Sie? Kreuzen Sie an.

1 ☒ • Studenten ☐ • Studentin
2 ☐ • Russen ☐ • Russin
3 ☐ • Autoren ☐ • Autorin
4 ☐ • Patienten ☐ • Patientin
5 ☐ • Kunden ☐ • Kundin
6 ☐ • Journalisten ☐ • Journalistin

Achten Sie auf den Unterschied zwischen *-en* und *-in* am Wortende!

b Ergänzen Sie das passende Wort aus **a**.

1 Peter und Paul sind Studenten an der Universität Heidelberg.
2 Oleg und Viktor sind ____________ und kommen aus Moskau.
3 Astrid Lindgren war eine bekannte ____________.
4 Frau Meese ist ____________ bei Doktor Freese.
5 Frau Lehmann ist schon lange ____________ bei der P-Bank.
6 ____________ arbeiten beim Fernsehen oder bei einer Zeitung.

c Lesen und sprechen Sie die Sätze.

B4 Der Vokal i

1 Richtig ausgesprochen?

▶ 2.31 Wer spricht korrekt? Hören Sie jeden Satz zweimal und kreuzen Sie an.

	Person 1	Person 2
1 Meine Kinder gehen in den Kindergarten.	☐	☐
2 Das Bild hängt schief.	☐	☐
3 Bringst du bitte Milch mit?	☐	☐

!

Der betonte Vokal **i** kann lang oder kurz sein.

Das lange **i** und das kurze **i** klingen nicht gleich! Vergleichen Sie: sch**ie**f – • B**i**ld

Sehen Sie sich auch das Video an. ▶ 07

Wann ist das **i** kurz, wann ist es lang? → Kapitel B1

2 Wie-Fragen

a Ordnen Sie zu.

Wie bitte • ~~Wie geht es dir~~ • Wie lange • Wie spät ist es • Wie viel • Wie weit ist es

1 ● Hallo, Marc.
▲ Hallo. *Wie geht es dir*?
● Danke, gut.

2 ● Komm, wir müssen los.
▲ Wirklich? ____________ denn?
● Zehn vor zehn.

3 ● Also, wir brauchen Milch ...
▲ ____________?
● 400 Milliliter.

4 ● Was für ein spannender Krimi!
▲ ____________?
● Spannend. Interessant, verstehst du?

5 ● Meine Füße tun weh.
▲ Meine auch. ____________ noch?
● Zwei Kilometer.

6 ● Wir bitten um Geduld.
▲ ____________ dauert es noch?
● Ein paar Minuten, ja?

▶ 2.32 **b** Hören Sie die Dialoge und lesen Sie mit.

!

Ein langes **i** schreibt man meistens **ie**. Bitte nicht „i-e“ sprechen, es ist nur **i**!

Ausnahmen:

– am Wortanfang: ● **I**gel

– die Personalpronomen w**i**r, m**i**r, d**i**r, **i**hr, **i**hm, **i**hn, **i**hnen

– Wörter aus anderen Sprachen: ● L**i**ter

3 Vom Sie zum Du

a Ordnen Sie zu.

dich • dir • ihm • ~~ihn~~ • Ihnen • Sie

● Das ist Niko Miller. Ich hoffe, es ist okay, dass ich *ihn* mitgebracht habe. Ich habe _______ erzählt, dass du _______ auch für die Inseln im Mittelmeer interessierst.

▲ Stimmt. Schön, _______ kennenzulernen. Darf ich _______ etwas zu trinken anbieten? Ein Bier vielleicht?

■ Wir können gern Du sagen.

▲ Einverstanden. Ich bin Lisa. Darf ich _______ also ein Bier anbieten? Oder lieber einen Wein?

■ Ein Bier, bitte.

▶ 2.33 **b** Hören Sie den Dialog und lesen Sie mit.

c Lesen und sprechen Sie den Dialog.

4 Mit Emotion, bitte: Unsicherheit

▶ 2.34 **a** Hören Sie und sprechen Sie leise mit.

1 St**i**mmt das w**i**rkl**i**ch?

2 S**i**nd S**ie** s**i**cher?

3 **I**st w**i**rkl**i**ch alles r**i**cht**i**g?

4 **I**ch weiß n**i**cht, ob das eine gute **I**dee **i**st.

5 V**ie**lleicht. Aber **i**st das **i**mmer besser?

6 **I**ch frage m**i**ch, w**ie** S**ie** auf d**ie**se These kommen.

▶ 2.35 **b** Hören Sie und antworten Sie mit den Sätzen aus **a**. Hören Sie zuerst ein Beispiel.

● Alle Deutschen sind pünktlich.

▲ Stimmt das wirklich?

Verwechseln Sie nicht **ei** und **ie**! → Kapitel B7

B5 Die Vokale o und ö

1 Im Sommer

▶ 2.36 **a** Hören Sie und ordnen Sie zu.

• Foto • Sommer • Sonne ohne • Koffer sich erholen
• Boot • Ostsee • Cola • Pullover toll • Wohnung

langes **o**: *Foto,* ______
kurzes **o**: ______

b Hören Sie noch einmal und wiederholen Sie.

▶ 2.37 **c** Hören Sie und lesen Sie mit.

Im Sommer
Die Koffer packen
und raus aus der Wohnung.
Sich an der Ostsee erholen,
Boot fahren,
Fotos machen,
in der Sonne liegen,
kalte Cola trinken,
ohne Pullover
bis nachts draußen sitzen.
So toll!

d Sprechen Sie jetzt allein.

!
Der Vokal **o** kann lang oder kurz sein. Sehen Sie sich das Video an und machen Sie die Geste. ▶ 08
Das kurze **o** und das lange **o** spricht man nicht gleich: • Cola – • Sommer
Wann ist das **o** kurz, wann ist es lang? → Kapitel B1

Beim langen, geschlossenen **o** kommt der Mund weit nach vorne.
Sagen Sie ein offenes „o". Legen Sie Ihre Zeigefinger neben den Mund, drücken Sie ein bisschen nach innen und schieben Sie den Mund mithilfe der Finger nach vorne „oooo". ▶ 09

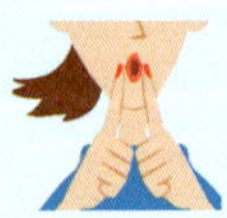

2 Unregelmäßige Perfektformen

a Ergänzen Sie das Partizip Perfekt.

1 gießen (hat) *gegossen*
2 schließen (hat/ist) ____________
3 ziehen (hat/ist) ____________
4 fliegen (ist) ____________
5 schwimmen (ist) ____________
6 gewinnen (hat) ____________
7 treffen (hat) ____________
8 helfen (hat) ____________

▶ 2.38 **b** Im Rhythmus: Hören Sie die Wörter aus **a** und sprechen Sie leise mit. Wiederholen Sie dann.

Sprechen Sie im Rhythmus und mit dem Körper. Das hilft, sich Vokabeln und Grammatikformen besser einzuprägen. Machen Sie zum Beispiel Schritte nach links und nach rechts: gießen (ein Schritt nach links) – gegossen (ein Schritt nach rechts). Sie können dabei auch in die Hände klatschen.

▶ 2.39 **c** Karaoke: Hören Sie und lesen Sie die Antworten laut.

1 ● ...
▲ Ja, ich habe sie vorgestern getroffen.
2 ● ...
▲ Nein, sie ist schon geschlossen.
3 ● ...
▲ Ich glaube, sie ist nach Oldenburg gezogen.
4 ● ...
▲ Ich habe sie schon gegossen.
5 ● ...
▲ Tut mir leid, Herr Moser ist geschäftlich nach Polen geflogen.
6 ● ...
▲ Ja, sie hat mir sehr gut geholfen.
7 ● ...
▲ Gut. Ich habe gewonnen.
8 ● ...
▲ Na klar. Ich bin schon mal zwei Kilometer geschwommen.

3 Zungenbrecher

▶ 2.40 Hören Sie und sprechen Sie dann selbst.

Oma k**o**cht **O**pa K**o**hl. Und **O**pa k**o**cht **O**ma K**o**hl. D**o**ch **O**pa k**o**cht **O**ma R**o**senk**o**hl. Und **O**ma k**o**cht **O**pa R**o**tk**o**hl.

4 Rätselfragen

▶ 2.41 **a** Welches Wort hören Sie? Kreuzen Sie an.

1 ☐ • Schloss ☐ • Schluss
2 ☐ • Zoo ☐ zu
3 ☐ groß ☐ • Gruß
4 ☐ kochen ☐ • Kuchen

Verwechseln Sie nicht **o** und **u**!

▶ 2.42 **b** Hören Sie und wiederholen Sie.

▶ 2.43 **c** Hören Sie die Fragen. Was meinen Sie: Welche Antwort ist richtig?

1 Wie lange hat Ludwig II. auf Schloss Neuschwanstein gewohnt?
☐ Fast zwölf Jahre. ☐ Mehr als ein Jahr. ☐ Nicht ganz sechs Monate.

2 Wo ist der älteste Zoo der Welt?
☐ In Österreich. ☐ In Deutschland. ☐ In der Schweiz.

3 Wer hat den berühmtesten Kuchen Österreichs – die Sachertorte – erfunden?
☐ Eine 100 Jahre alte Bäckerin.
☐ Ein 16 Jahre alter Azubi.
☐ Ein kranker Küchenchef.

4 Wie groß war Mozart? ☐ 1,63 m. ☐ 1,75 m. ☐ 1,90 m.

5 Mit Emotion, bitte!

▶ 2.44 Hören Sie und sprechen Sie leise mit. Wiederholen Sie dann.

Oh! So eine super Hose!
Oh! So ein lustiger Hut!
Oh! So ein toller Rock!
Oh! So ein großer Pullover!
Oh! So coole Schuhe!
Oh! So eine wunderbare Bluse!
Oh! So komische Socken!

6 Richtig ausgesprochen?

a Welche Sätze passen zum Bild? Kreuzen Sie an.

- ☐ Die Schüler **kennen** Mathematik nicht.
- ☐ Die Schüler **können** Mathematik nicht.
- ☐ Die Zahlen sind zu klein, man kann die Aufgabe nicht **lesen**.
- ☐ Die Aufgabe ist schwierig. Die Schüler können die Aufgabe nicht **lösen**.

▶ 2.45 **b** Hören Sie und vergleichen Sie.

!

Der Vokal **ö** kann lang oder kurz sein. Sehen Sie sich das Video an und machen Sie die Geste. ▶ 10

Das kurze **ö** und das lange **ö** spricht man nicht gleich: k**ö**nnen – l**ö**sen

Wann ist das **ö** kurz, wann ist es lang? → Kapitel B1

Beim **ö** sind die Lippen wie bei **o**, aber die Zunge ist wie bei **e**!

Sprechen Sie ein offenes **o** wie in „kommen“.

Versuchen Sie jetzt, ein **ä** oder offenes **e** zu sagen. Achtung: Der Mund bleibt wie bei **o**! Es entsteht ein kurzes, offenes **ö**. Sehen Sie sich auch das Video an. ▶ 11

Sprechen Sie ein langes, geschlossenes **o**. Heben Sie den Zungenrücken nach oben zum Gaumen wie bei **e**. Achtung: Die Lippen bleiben wie bei **o**! Es entsteht ein langes, geschlossenes **ö**.

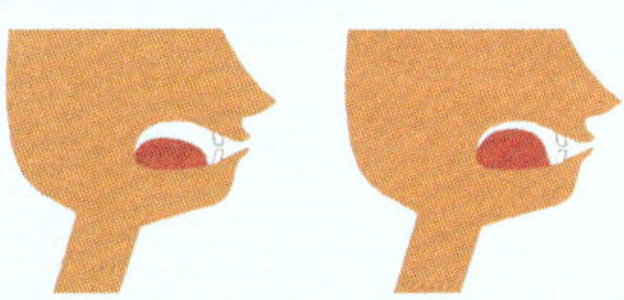

S**o**hn S**ö**hne

7 Wörter verbinden

▶ 2.46 Hören Sie und verbinden Sie die gehörten Wörter mit einer Linie. Was sehen Sie?

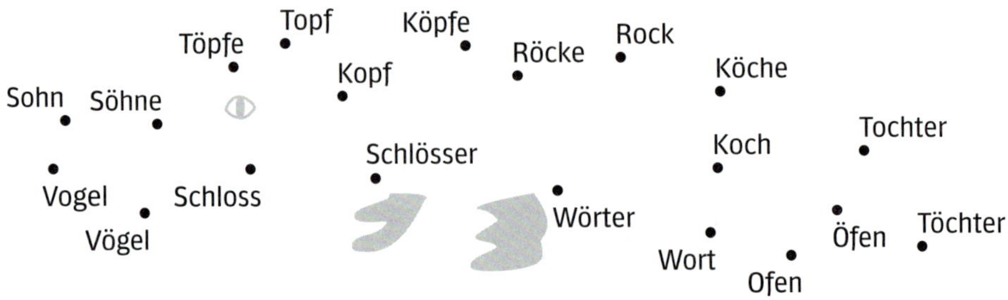

8 Vorschläge und Vergangenheit

a Ergänzen Sie *könnte* oder *konnte*.

1 Ich *konnte* nicht kommen, weil mein Auto kaputt war.

2 Ich ____________ als Kind oft nur schlecht einschlafen.

3 Ich ____________ dich morgen besuchen. Hast du Zeit?

4 Ich ____________ uns einen Tee machen. Was meinst du?

5 Ich ____________ noch nie gut Fußball spielen.

6 Ich ____________ dir beim Umzug helfen, wenn du willst.

▶ 2.47 **b** Hören Sie und kontrollieren Sie Ihre Lösung. Wiederholen Sie dann.

▶ 2.48 **c** Karaoke: Hören Sie und lesen Sie die Antworten laut.

1 ● ...
▲ Wir könnten ins Kino gehen.

2 ● ...
▲ Oh ja, bitte. Du könntest die Wohnung putzen.

3 ● ...
▲ Ich könnte dir schnell Nudeln kochen.

4 ● ...
▲ Ihr könntet ein Buch lesen.

Modalverben benutzt man oft. Achten Sie deshalb auf die korrekte Aussprache und Schreibweise von Präteritum (k**o**nnte) und Konjunktiv II (k**ö**nnte). Sie drücken damit etwas komplett Unterschiedliches aus!

B6 Die Vokale u und ü

1 Gesundheitliche Probleme

▶ 2.49 **a** Hören Sie die Sätze. Wie oft hören Sie *u*: einmal, zweimal oder dreimal? Schreiben Sie.

1 *ein*mal	4 ________mal
2 ________mal	5 ________mal
3 ________mal	6 ________mal

b Hören Sie noch einmal und wiederholen Sie.

> **!** Der Vokal **u** kann lang oder kurz sein. Sehen Sie sich das Video an und machen Sie die Geste. ▣ 12
>
> Das kurze **u** und das lange **u** klingen nicht gleich:
> • Schn**u**pfen (kurz) – • H**u**sten (lang) ▣ 13
>
> Wann ist das **u** kurz, wann ist es lang? → Kapitel B1

2 Adjektive

a In welchem Wort spricht man das *u* anders? Markieren Sie.

1 l**u**stig	d**u**mm	(kl**u**g)	k**u**rz
2 r**u**hig	b**u**nt	d**u**nkel	f**u**rchtbar
3 ges**u**nd	j**u**ng	m**u**tig	w**u**nderbar
4 kap**u**tt	g**u**t	r**u**nd	schm**u**tzig
5 j**u**gendlich	s**u**per	z**u**ständig	ged**u**ldig

▶ 2.50 **b** Hören Sie und sprechen Sie leise mit. Wiederholen Sie dann.

3 Im Rhythmus

▶ 2.51 **a** Hören Sie und lesen Sie mit.

• Natur – • Kultur

• Struktur – • Figur

• Abitur – • Tastatur

• Literatur – • Temperatur

b Hören Sie noch einmal und sprechen Sie mit.

4 Als Kind

a Ist das betonte *u* lang oder kurz? Markieren Sie lang (__) und kurz (.).

Mein Bruder und ich mussten schon um kurz nach sechs aufstehen, weil wir um acht in der Schule sein mussten. Wir sind mit dem Bus zur Schule gefahren. Die Fahrt hat 45 Minuten gedauert. Wir mussten gute Noten haben. Denn unsere Eltern wollten, dass wir Abitur machen und ein Studium beginnen. Deshalb mussten wir nach der Schule sofort Hausaufgaben machen. Erst dann durften wir raus zum Spielen und unsere Freunde besuchen. Am Abend durften wir fernsehen. Aber nur eine halbe Stunde. Und dann mussten wir ins Bett. Am nächsten Morgen sind wir wieder um kurz nach sechs aufgestanden ...

▶ 2.52 **b** Hören Sie und sprechen Sie leise mit.

c Sprechen Sie jetzt allein.

> Lesen Sie sich Texte und Gedichte zuerst im Kopf vor. Lesen Sie ein zweites Mal und bewegen Sie dabei die Lippen mit oder flüstern Sie den Text sehr leise. Lesen Sie langsam und konzentrieren Sie sich auf den Laut, den Sie gerade üben. Zum Schluss lesen Sie den Text laut.

5 Richtig ausgesprochen?

▶ 2.53 Was sagt die Frau? Was meint sie? Hören Sie und kreuzen Sie an.

Sie sagt: ☐ drucken ☐ drücken

Sie meint: ☐ drucken ☐ drücken

> Nicht verwechseln, bitte: **ü** ist nicht wie **u** und auch nicht wie **i**!

6 Mit Emotion, bitte!

▶ 2.54 **a** Was hören Sie? Kreuzen Sie an.

	1	2	3	4	5	6
u	☐	☐	☐	☐	☐	☐
ü	☒	☐	☐	☐	☐	☐
i	☐	☐	☐	☐	☐	☐

▶ 2.55 **b** Hören Sie die Sätze und sprechen Sie leise mit. Wiederholen Sie dann.

1 Sei doch mal still!
2 Ich bin hungrig wie ein Löwe.
3 Ich bin so müde.
4 Ich bin echt wütend!
5 Du bist ja verrückt!
6 Das ist viel zu schwierig!

!

Der Vokal **ü** kann lang oder kurz sein. Sehen Sie sich das Video an und machen Sie die Geste. ▣ 14

Das kurze **ü** und das lange **ü** klingen nicht gleich: verr**ü**ckt (kurz) – m**ü**de (lang) ▣ 15

Wann ist das **ü** kurz, wann ist es lang? → Kapitel B1

Spitzen Sie den Mund maximal und pfeifen Sie einen hohen Ton. ▣ 16

Beim **ü** sind die Lippen wie bei **u**, aber die Zunge ist wie bei **i**!

Sprechen Sie ein kurzes, offenes **u** wie in „unten". Versuchen Sie jetzt, **i** zu sagen. Achtung: Der Mund bleibt wie bei **u**! Es entsteht ein kurzes, offenes **ü**.

Sprechen Sie ein langes, geschlossenes **u** wie in „Uhr". Heben Sie den Zungenrücken nach oben zum Gaumen wie bei **i**. Achtung: Die Lippen bleiben wie bei **u**! Es entsteht ein langes, geschlossenes **ü**.

7 Wortfamilie

a Wie gut kennen Sie die Wörter? Ergänzen Sie *ie*, *u* oder *ü*.

1 z*ie*hen • Zug • Z___ge
2 fließen • Fl___ss • Fl___sse
3 gr___ßen • Gr___ß • Grüße
4 spielen • Sp___l • Sp___le
5 w___nschen • Wunsch • W___nsche
6 küssen • K___ss • K___sse
7 l___gen • L___ge • Lügen
8 d___schen • D___sche • Duschen

▶ 2.56 **b** Hören Sie und sprechen Sie leise mit. Wiederholen Sie dann.

8 Wünsche

▶ 2.57 **a** Was würde der Mann gern machen? Hören Sie und ergänzen Sie.

Ich würde gern ...

1 *abends pünktlich Schluss machen.*

2 ______

3 ______

4 ______

5 ______

6 ______

b Lesen und sprechen Sie die Sätze.

▶ 2.58 **c** Was wünscht sich die Frau? Hören Sie und ergänzen Sie.

Ich wünsche mir ...

1 *einen süßen Hund.*

2 ______

3 ______

4 ______

5 ______

6 ______

d Lesen und sprechen Sie die Sätze.

9 Wörter mit „un-“

a Bereiten Sie den Text vor und markieren Sie *u* und *ü*.

Die Lehrerin sagt zu den Schülern: „Alle Wörter mit „un-“ bedeuten etwas Negatives. Zum Beispiel Unglück, unpünktlich, unzufrieden. Wer kennt auch so ein negatives Wort?“ Julia antwortet: „Unterricht.“

> Im Präfix *un-* ist das **u** immer kurz. **!**

▶ 2.59 **b** Hören Sie und lesen Sie mit.

c Lesen und sprechen Sie den Text.

B7 Die Diphthonge au/äu, ai/ei, eu

1 Reime

a Kennen Sie die Wörter? Was passt? Ergänzen Sie *au*, *äu*, *ei* oder *eu*.

1 *eu*er	t___er	• F___er	• St___er
2 s___n	• B___n	• Schw___n	kl___n
3 • R___m	• Tr___m	• B___m	k___m
4 • R___me	• Tr___me	• B___me	

▶ 2.60 **b** Hören Sie und sprechen Sie leise mit. Wiederholen Sie dann.

> **!**
> Man spricht **au** wie „au" oder „ao". ▶ 17
> Man spricht **ai** und **ei** wie „ai" oder „ae". ▶ 18
> Man spricht **äu** und **eu** wie „oi" oder „oe". ▶ 19
> Man darf die Vokale beim Sprechen nicht trennen!
> Die Schreibweise **ai** kommt nur selten vor, zum Beispiel in • **Mai**.

2 Verkehrsmeldungen

▶ 2.61 **a** Hören Sie und markieren Sie *au*, *äu*, *ei* und *eu*.

1 A99: Stau wegen einer Baustelle zwischen der Ausfahrt Kirchheim und dem Autobahnkreuz München-Ost.

2 Schnee und Eis sorgen noch immer für Probleme auf Deutschlands Straßen. Auf kleineren Strecken sind zahlreiche Bäume umgestürzt. Die Feuerwehr kümmert sich um die Aufräumarbeiten.

3 Auf der B2 Weilheim Richtung Murnau werfen Personen Steine von der Brücke. Seien Sie in diesem Bereich besonders vorsichtig.

b Lesen und sprechen Sie die Nachrichten.

B

3 Freude

▶ 2.62 Hören Sie die Frage und antworten Sie mit *Ich freue mich auf* ... Hören Sie zuerst ein Beispiel.

1 den **Au**sflug	3 m**ei**nen Url**au**b	5 m**ei**n n**eu**es **Au**to
2 W**ei**hnachten	4 m**ei**ne Fr**eu**ndin	6 den F**ei**erabend

- Worauf freust du dich?
- ▲ Ich freue mich auf den Ausflug.

4 Früher und heute

Nicht verwechseln, bitte: **ei** ≠ **ie** → Kapitel B4 !

a Ergänzen Sie *ei* oder *ie*.

1 Früher haben wir v*ie*le Br___fe geschr___ben. Heute schr___ben wir Nachrichten mit dem Handy.

2 Früher bin ich am Wochenende n___ zu Hause gebl___ben. Heute bin ich faul und bl___be l___ber auf dem Sofa.

3 Früher habe ich „Meier" geh___ßen. Heute h___ße ich „Mayer".

4 Früher habe ich v___l Sport getr___ben. Heute tr___be ich fast k___nen Sport mehr.

▶ 2.63 **b** Hören Sie und sprechen Sie leise mit.

5 Sprichwörter

a Was bedeuten die Sprichwörter? Schreiben Sie die Nummer zur passenden Erklärung.

1 Kl**ei**der machen L**eu**te.

2 Ohne Fl**ei**ß k**ei**n Pr**ei**s.

3 Was ich nicht w**ei**ß, macht mich nicht h**ei**ß.

4 Morgen, morgen, nur nicht h**eu**te, sagen alle f**au**len L**eu**te.

a Nur wenn man sich anstrengt, hat man Erfolg. ___

b Man soll nicht alles verschieben, sondern lieber sofort machen. ___

c Das Aussehen entscheidet oft darüber, wie ein Mensch wirkt. _1_

d Wenn ich von etwas nichts weiß, interessiert es mich auch nicht. ___

▶ 2.64 **b** Hören Sie und sprechen Sie leise mit. Wiederholen Sie dann.

B8 Der Vokalneueinsatz

1 Richtig ausgesprochen?

▶ 2.65 Was sagt der Mann? Was meint er? Hören Sie und kreuzen Sie an.

Er sagt: ☐ Die Tour ist in der Paulskirche. ☐ Die Touristin der Paulskirche.

Er meint: ☐ Die Tour ist in der Paulskirche. ☐ Die Touristin der Paulskirche.

!

Vor | **e**inem Wort mit | **e**inem Vokal beginnt man „neu". Das heißt: Es knackt. Man macht eine Mini-Sprechpause vor dem Vokal: Die Tour | **i**st | **i**n der Paulskirche.

Man darf die Wörter nicht verbinden wie im Französischen oder Italienischen.

– Legen Sie die Hand an Ihren Hals und husten Sie einmal oder zweimal. Beim dritten Mal stellen Sie sich nur vor zu husten. Sprechen Sie stattdessen einen Vokal, zum Beispiel „ä".

– Öffnen Sie den Mund. Hören Sie einen Moment auf zu atmen. Atmen Sie dann aus und sprechen Sie einen Vokal, zum Beispiel „ä".

2 Zum Verwechseln ähnlich?

▶ 2.66 Was hören Sie? Kreuzen Sie an.

1 ☒ auf Feiern ☐ auf Eiern
2 ☐ Kölner Leben ☐ Köln erleben
3 ☐ beim Messen ☐ Beim Essen
4 ☐ Vera zieht Kinder. ☐ Wer erzieht Kinder?
5 ☐ mit Torten ☐ mit Orten
6 ☐ Magermilch ☐ Mag er Milch?

3 Im Rhythmus: Präfixe

▶ 2.67 **a** Hören Sie und lesen Sie mit.

1 beeilen, beenden,
erinnern, eröffnen

2 beantragen, beantworten,
veranstalten, verabschieden

b Hören Sie noch einmal und sprechen Sie mit.

4 Komposita

a Was passt zusammen? Verbinden Sie.

1 • Internet	a • Arzt
2 • Zahn	b • Unfall
3 groß	c • Ort
4 • Fahrrad	d • Anschluss
5 Wohn-	e • Arbeiter
6 mit	f • Eltern

▶ 2.68 **b** Hören Sie und wiederholen Sie.

Auch in Komposita (• Internet | anschluss) und nach Präfixen (be | enden) muss man die Stimme „neu einschalten" = einen Knacklaut sprechen. **!**

5 Termine

a Wo müssen Sie eine kleine Pause (= den Knacklaut) machen? Markieren Sie mit |.

1 ● Hast du | einen Termin mit der Haus | ärztin ver | einbart?
▲ Ja. Der Termin ist am Mittwoch um acht Uhr.

2 ● Ich möchte Arbeitslosengeld beantragen.
▲ Da musst du einen Termin bei der Agentur für Arbeit machen.

3 ● Am Wochenende gibt es in der Stadt ein Fest. Mit tollen Veranstaltungen. Lass uns am Samstag hingehen.
▲ Gute Idee. Aber am Samstag bin ich schon mit Anne verabredet.
● Und wie sieht es am Sonntag aus?
▲ Das passt.

4 ● Beeil dich! Wir wollten doch zum Grillfest im Sportverein.
▲ Oje! Das habe ich ganz vergessen. Ich wollte mir einen gemütlichen Fernsehabend machen.

▶ 2.69 **b** Hören Sie und kontrollieren Sie Ihre Lösung.

c Lesen und sprechen Sie die Dialoge.

C1 Der Konsonant r

1 Richtig gehört?

▶ 3.01 **a** Welche Wörter hören Sie? Kreuzen Sie an.

b Hören Sie noch einmal und wiederholen Sie.

> **!** Der Konsonant **r** wird regional unterschiedlich gesprochen. Das **r** im Hals wird in den meisten Regionen Deutschlands gesprochen. ▶ 20
>
> Fast überall in Österreich und der Deutsch-Schweiz und auch in manchen Regionen Deutschlands wird das **r** vorne mit der Zungenspitze gesprochen, also wie das **r** im Spanischen, Italienischen oder Arabischen.

> Gehen Sie auf den Fersen, wenn Sie das hintere **r** (= das **r** im Hals) üben. Es hilft, wenn der Körper die Position des Lautes mitmacht.

2 Was für eine Rennerei

▶ 3.02 **a** Hören Sie und lesen Sie mit.

Ins Haus **r**ein, aus dem Haus **r**aus,
in die Gara**g**e **r**über und zu**r**ück,
die T**r**eppe **r**auf, die T**r**eppe **r**unter.
So eine **R**enne**r**ei!

b Lesen und sprechen Sie den Text.

3 Silbenrätsel

a Bilden Sie Wörter rund ums Reisen. Wie viele finden Sie?

Füh Früh gang he Ka me on ra rant Re re ~~Rei~~ ren

Res rist Ru Rund rung ~~se~~ ser stück tau ti Tou vie zep

Reise, ______________________________

____

▶ 3.03 **b** Hören Sie und wiederholen Sie.

4 Im Restaurant

▶ 3.04 **a** Hören Sie den Dialog und ergänzen Sie die fehlenden Teile.

- ● Was darf ich Ihnen *brin*gen?
- ▲ Ich hätte ________ das Schnitzel mit ________kartoffeln und einen ________ßen Salat. Ohne Pa________ka. Geht das?
- ● Ja, natürlich. Und zu ________ken?
- ▲ Einen ________wein, bitte.

…

- ▲ Entschuldigung. Die Bratkartoffeln sind nicht ________. Und sie sind kalt.
- ● Oh! Ich ________ge Ihnen neue.

…

- ▲ Die ________nung, bitte.
- ● 33 Eu________.
- ▲ Boah! Das ist ________lich nicht günstig.

b Lesen und sprechen Sie den Dialog.

5 Berufe

a Ergänzen Sie die fehlende Form.

1 ● Maler — ● *Malerin*

2 ● Techniker — ● ________

3 ● ________ — ● Künstlerin

4 ● ________ — ● Sängerin

5 ● Kellner — ● ________

▶ 3.05 **b** Hören Sie und wiederholen Sie.

▶ 3.06 **c** Hören Sie die Frage und antworten Sie mit den Berufen aus **a**. Achten Sie auf die männliche und weibliche Form. Hören Sie zuerst ein Beispiel.

1 2 3 4 5

● Was machst du beruflich?

▲ Ich bin Malerin.

! Die Endung **er** wird vokalisiert. Das heißt: Man spricht einen Vokal. Er klingt ähnlich wie **a**: „Mal**a**". ▶ 21
Wenn das **r** aber am Beginn einer Silbe steht, spricht man ein konsonantisches **r**: Male-**r**in.

6 Brüder

▶ 3.07 **a** Hören Sie und lesen Sie mit.

Mein jünger**er** Brud**er** Pet**er** ist größ**er** als ich.
Pet**er** ist auch dünn**er** als ich.
Pet**er** hat längere Haare
und kleinere Ohren.
Und seine Nase ist läng**er**
als meine.

b Lesen und sprechen Sie den Text jetzt allein.

c Wie sieht Peter aus? Zeichnen Sie ein Bild.

Mein Bruder

C

7 Gleich oder verschieden?

▶ 3.08 **a** Sie hören zwei Wörter. Sind die Wörter gleich oder verschieden? Kreuzen Sie an.

	1	2	3	4	5	6	7	8
gleich	☐	☐	☐	☐	☐	☐	☐	☐
nicht gleich	☒	☐	☐	☐	☐	☐	☐	☐

b Hören Sie noch einmal und wiederholen Sie.

Bitte nicht verwechseln: Wörter mit **-e** und **-er** am Ende klingen ähnlich.
Aber das Wort ● Spiel**e** endet mit einem reduzierten **e**. → Kapitel B3
Das Wort ● Spiel**er** klingt am Ende wie ein schwaches **a**.
Auch die Endsilben **-en** und **-ern** klingen ähnlich, sind aber nicht gleich:
mit meinen Freund**en** – mit meinen Elt**ern**

8 Karaoke: Mit wem fährst du in Urlaub?

▶ 3.09 Hören Sie die Frage und lesen Sie die Antworten laut.

1 ● ...
▲ Mit meinen Freund**en**.

2 ● ...
▲ Mit meinen Elt**ern**.

3 ● ...
▲ Mit meinen Kolleg**en**.

4 ● ...
▲ Mit meinen Geschwist**ern**.

5 ● ...
▲ Mit meinen Cousin**en**.

6 ● ...
▲ Mit meinen Kind**ern**.

9 Worüber? Worauf? ...

▶ 3.10 **a** Hören Sie und ordnen Sie zu. Achten Sie auf die fett markierten Silben.

● **Ur**laub **är**gern vo**r**bereiten ● So**r**gen di**r** fü**r** ● Jah**r**
● **Ar**beit sog**ar** gest**or**ben mi**r** ● Lä**r**m ● He**r**z wa**r**ten

Ich höre „r“: *ärgern,* ____

Ich höre „r“ nicht: *Urlaub,* ____________________________________

!
Nach einem langen Vokal wird **r** vokalisiert.
Nach einem kurzen Vokal kann **r** vokalisiert werden.

▶ 3.11 **b** Hören Sie und lesen Sie mit.

1 ● Worauf bereitest du dich vor?
▲ Auf die Deutsch-Prüfung.

2 ● Ich möchte mich bei dir bedanken.
▲ Wofür?
● Für deine Hilfe.

3 ● Worüber ärgerst du dich?
▲ Ach, über die Bahn. Immer gibt es Verspätungen.

4 ● Erinnerst du dich noch an den tollen Urlaub vor einem Jahr?
▲ Na klar. Daran erinnere ich mich sogar ganz genau.

5 ● Worauf wartest du?
▲ Auf das Arbeitsende. Ich bin müde.

6 ● Meine Oma ist gestorben.
▲ Oh, das tut mir leid. Woran denn?
● Sie hatte schon lange Probleme mit dem Herz.

7 ● Worüber machst du dir Sorgen?
▲ Über den Straßenlärm. Der macht mich ganz krank.

> **!** Auch in den Präfixen *ver-* und *er-* wird **r** vokalisiert.

c Lesen und sprechen Sie die Dialoge.

10 Wer schläft hier?

a Bereiten Sie den Text vor: Wo muss man das *r* sprechen? Markieren Sie. Wo ist das *r* vokalisiert? Streichen Sie es durch und schreiben Sie *a* darüber.

Der (a) Vater bringt seinen Sohn ins Bett. Nach kurzer Zeit öffnet die Mutter vorsichtig die Tür und fragt leise: „Und? Schläft er schon?"Der Sohn antwortet: „Ja, und er schnarcht."

▶ 3.12 **b** Hören Sie und lesen Sie mit.

c Sprechen Sie jetzt allein.

C2 Die Konsonanten p, t, k – b, d, g

1 Richtig ausgesprochen?

▶ 3.13 Sie hören zwei Versionen eines Wortes. Welche Variante klingt deutsch? Kreuzen Sie an.

	Version 1	Version 2
1 **b**	☐	☐
2 **b**	☐	☐
3 **d**	☐	☐
4 **d**	☐	☐
5 **g**	☐	☐
6 **g**	☐	☐

!

b, **d** und **g** werden nicht so weich gesprochen wie in anderen Sprachen. Beachten Sie:

- **b** ist nicht wie **w**. Sie müssen bei **b** die Lippen komplett schließen. ▣ 22
- **d** ist nicht wie das *th* („this") im Englischen! Die Zunge bleibt hinter den Zähnen am Gaumen, sie ist in derselben Position wie bei **t**. Bitte die Zunge nicht nach oben rollen. ▣ 23

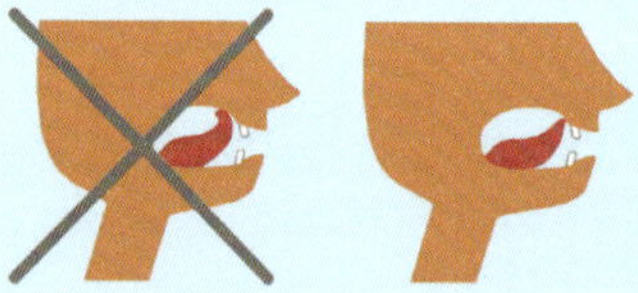

- **g** ist deutlich im Hals artikuliert an derselben Position wie **k**. Üben Sie mithilfe von **r**: rau – grau – • Rose – groß – • Rippe – • Grippe ▣ 24

2 Wo bist du?

▶ 3.14 Hören Sie und antworten Sie auf die Frage. Hören Sie zuerst ein Beispiel.

1 im **B**ett	3 auf dem **B**alkon	5 an **G**leis **d**rei
2 im **G**arten	4 am **B**ahnhof	6 in einem **D**orf

- ● Wo bist du?
- ▲ Im Bett.

3 Ein Notruf

a Markieren Sie alle *p*, *t* und *k*.

Katrin wählt den Notruf.

- ● Kommen Sie schnell. Meine Tante braucht Hilfe.
- ▲ Was ist passiert?
- ● Sie ist gestürzt und liegt auf dem Boden.
- ▲ Wie ist das passiert?
- ● Sie wollte Kartons in den Keller bringen. Aber das Licht ist kaputt und es war dunkel. Sie hat die Treppe nicht gut gesehen und ist hinuntergefallen.
- ▲ Ist sie verletzt?
- ● Ja. Sie blutet am Kopf. Und das Knie sieht komisch aus.
- ▲ Wir schicken den Notarzt und einen Krankenwagen. Die Adresse, bitte.

▶ 3.15 **b** Hören Sie und lesen Sie mit.

> **p**, **t**, und **k** muss man mit Energie und Druck sprechen. Die Laute müssen explodieren. Man hört häufig ein *h* dabei. Sehen Sie sich auch das Video an. ▣ 25 **!**

▶ 3.16 **c** Karaoke: Hören Sie noch einmal und sprechen Sie Katrins Rolle.

4 Hartes „t"

▶ 3.17 **a** Welches Wort hören Sie? Kreuzen Sie an.

1	☐ alt	☐ alte	4	☐ nett	☐ nette
2	☐ rot	☐ rote	5	☐ kaputt	☐ kaputte
3	☐ gut	☐ gute	6	☐ bunt	☐ bunte

▶ 3.18 **b** Hören Sie und sprechen Sie leise mit. Wiederholen Sie dann.

1 eine alte Küche – Die Küche ist alt.
2 eine rote Tomate – Die Tomate ist rot.
3 eine gute Kamera – Die Kamera ist gut.
4 eine nette Nichte – Die Nichte ist nett.
5 eine kaputte Puppe – Die Puppe ist kaputt.
6 eine bunte Tasse – Die Tasse ist bunt.

> Hören Sie am Wortende *e*, auch wenn keins da ist? Das liegt daran, dass die Konsonanten sehr hart gesprochen werden. Hören Sie ganz genau zu: Konsonant und Stopp!

5 Plural

a Wie heißt die Pluralform? Schreiben Sie.

1 • Dieb *Diebe*
2 • Hand • ____________
3 • Weg • ____________
4 • Kind • ____________
5 • Betrieb • ____________
6 • Anzug • ____________

▶ 3.19 **b** Hören Sie und wiederholen Sie.

Am Wortende spricht man **b** als **p** (• Die**b**), **d** als **t** (• Han**d**) und **g** als **k** (• We**g**). Sehen Sie sich auch das Video an. ▶ 26

6 Reihen bilden

a Ergänzen Sie *b, d, g, k, p* oder *t*. Der letzte Buchstabe eines Wortes und der erste Buchstabe des nächsten Wortes sind gleich.

• Urlau*b* • *B*er__ ___esun___ ___or___ • ___a*g*
___el*b* • ___il___ • ___urs___ • ___i*pp* • ___ar___
• ___or___ • ___an*k* ___ran___ • ___lei___

▶ 3.20 **b** Hören Sie und wiederholen Sie.

7 Jahreszeiten

▶ 3.21 **a** Hören Sie und ergänzen Sie die fehlenden Wörter.

Blumen, Büsche und Bäume *beginnen* zu blühen. Bienen und andere Insekten ____________ wieder. Die Vögel singen ihre ____________. Denn es ist Frühling.
Im Sommer ist ____________zeit. Die einen fahren auf das ____________, die anderen verbringen Zeit am ____________.
Im ____________ fällt das Obst ganz von selbst von den Bäumen. Die ____________ werden rot, braun und ____________.
Im Winter ist es grau und ____________ in der Stadt und im ____________. Aber halt! Wenn es ____________, sind wir bereit für die Weihnachts____________.

b Lesen und sprechen Sie den Text.

Vor Konsonanten spricht man **b**, **d**, **g** wie **p**, **t**, **k**: ● O**b**st, (er) flie**gt** ...

8 Eigenschaften

a Ergänzen Sie das Adjektiv in der richtigen Form.

1 lie**b** — Mein Hund ist so *lieb*. → Er ist ein wirklich *lieber* Hund.

2 klu**g** — Mein Freund ist sehr __________. → Ich bin mit einem __________ Menschen befreundet.

3 al**t** — Meine Nachbarin ist __________. → Sie ist eine __________ Frau.

4 ne**tt** — Du bist __________! → Du bist ein __________ Mädchen.

5 frem**d** — Ich bin __________ hier. → Ich reise gern in __________ Länder.

6 spannen**d** — Der Vortrag des Professors war ______________. → Ein wirklich ______________ Vortrag!

▶ 3.22 **b** Hören Sie die Sätze aus **a** und sprechen Sie leise mit. Wiederholen Sie dann.

9 Mein Arbeitsweg

▶ 3.23 Hören Sie und antworten Sie auf die Frage. Hören Sie zuerst ein Beispiel.

1 mi**t d**em Fahrrad 2 mi**t d**em Bus 3 mi**t d**er U-Bahn 4 mi**t d**em Auto

● Wie komms**t d**u zur Arbeit?

▲ Mi**t d**em Fahrrad.

Ein weicher Konsonant wird härter, wenn vor dem weichen Konsonanten ein harter Konsonant steht: mi**t d**em Fahrrad

Achtung: Auch **b**, **d**, **g** sind am Wortende hart und beeinflussen den folgenden Konsonanten: Schrei**b B**riefe.

10 Mach das!

▶ 3.24 Hören Sie und sprechen Sie leise mit. Achten Sie auf die fett markierten Konsonanten. Wiederholen Sie dann.

1 **B**riefe
Schrei**b B**riefe.
Schrei**b d**och mal **B**riefe.
Du sollte**st B**riefe schreiben.

2 **G**etränke
Pa**ck G**etränke fürs Picknick ein.
Pack**st d**u bitte **G**etränke fürs Picknick ein?
Du sollte**st G**etränke fürs Picknick einpacken.

C3 Die Konsonanten s und z

1 Bunt gemischte Wörter und Sätze

▶ 3.25 **a** Welches Wort hören Sie zuerst, welches als Zweites? Nummerieren Sie.

1	2	• **S**ocke	1	• **S**tock
2	___	• Na**s**e	___	na**ss**e
3	___	• Va**s**e	___	wa**s**
4	___	rei**s**en	___	rei**ß**en
5	___	• Wie**s**en	___	wi**ss**en
6	___	• Fü**ß**e	___	Fü**ss**en
7	___	• Ei**s**	___	hei**ß**

b Hören Sie noch einmal und wiederholen Sie.

▶ 3.26 **c** Sätze sprechen: Hören Sie und wiederholen Sie

! Am Wortanfang (• **S**ocke) und am Silbenanfang (• Na**s**e) spricht man das **s** weich und mit viel Stimme (= stimmhaft). Legen Sie die Hand an den Hals und sagen Sie „mmmm". Spüren Sie die Vibration? Sagen Sie dann: „Mmmm, Saft."

In allen anderen Positionen spricht man das **s** scharf und ohne Stimme (= stimmlos): Wa**s**? Denken Sie dabei an eine Schlange.

Sehen Sie sich auch das Video an. ▣ 27

In Österreich, in der Schweiz und in manchen Regionen Deutschlands spricht man **s** meist stimmlos.

Beachten Sie die Orthografie bei einem stimmlosen **s**:

- **ss** nach kurzem Vokal: wi**ss**en
- **ß** nach langem Vokal und nach *au, ei, eu/äu*: hei**ß**
- Für Wörter mit nur einer Silbe gibt es keine klaren Regeln: • Fu**ß**, • Ei**s**

In der Schweiz gibt es den Buchstaben **ß** nicht. Man schreibt **ss**.

st (• **St**ock) spricht man „scht" → Kapitel C4

2 Erklärungen

▶ 3.27 **a** Hören Sie und lesen Sie mit. Achten Sie besonders auf die *s*-Laute.

1 ● Entschuldigung. Wi**ss**en **S**ie, wa**s** wei**ß**e Nächte **s**ind?
▲ Ja. Da**s** **s**ind Nächte im **S**ommer, wenn die **S**onne fa**s**t die ganze Nacht scheint.

2 ● Ich würde gern wi**ss**en, wa**s** ein **S**onntag**s**kind i**s**t.
▲ **S**onntag**s**kinder, **s**o **s**agt man, haben be**s**onder**s** viel Glück.

3 ● Wei**ß**t du, welche**s** der **s**onnig**s**te Ort Deutschland**s** i**s**t?
▲ Viele **s**agen, da**ss** die In**s**el Hidden**s**ee in der O**s**t**s**ee am **s**onnig**s**ten i**s**t. Aber ich bin nicht **s**icher, ob e**s** stimmt.

4 ● Ha**s**t du gewu**ss**t, da**ss** ein deutscher König die spanische Nationalhymne geschrieben hat?
▲ Nein, da**s** habe ich nicht gewu**ss**t. Wer war e**s** denn?
● Friedrich der Gro**ß**e.

b Lesen und sprechen Sie die Dialoge.

3 Mit Emotion, bitte!

▶ 3.28 Hören Sie und wiederholen Sie. Achten Sie auf die fett markierten Buchstaben.

1 Du bis**t** **s**ympathisch!
2 Du bis**t** **s**uper!
3 Ach, du bis**t** **s**o süß!
4 Sei doch nich**t** **s**o sensibel!
5 Sei bitte nich**t** **s**auer!
6 Das is**t** **s**ehr nett von dir.

> Ein harter Konsonant (*p, t, k, f* ...) macht aus einem stimmhaften **s** ein stimmloses **s**: nich**t** **s**auer **!**

4 Viel zu tun!

a Wo sprechen Sie nur einmal *s*? Markieren Sie wie im Beispiel.

1 Sie muss Seife kaufen.
2 Sie muss im ganzen Haus saubermachen.
3 Sie muss sieben Blusen bügeln.
4 Sie muss sich die Haare schneiden.
5 Sie muss Omas Suppe kochen.
6 Sie muss sich beeilen, denn sie hat um sechs einen Termin.

> Wenn ein scharfes **s** am Wortende auf ein weiches **s** am Wortanfang trifft, spricht man nur einmal **s**. Dieses **s** ist scharf (= stimmlos). **!**

▶ 3.29 **b** Hören Sie und sprechen Sie mit. Wiederholen Sie dann.

5 Richtig ausgesprochen?

▶ 3.30 Was sagt der Mann? Was meint er? Hören Sie und kreuzen Sie an.

Er sagt: ☐ Sieh dich bitte an. ☐ Zieh dich bitte an.

Er meint: ☐ Sieh dich bitte an. ☐ Zieh dich bitte an.

Verwechseln Sie nicht **s** und **z**! Der Buchstabe **z** steht für „ts".

Sagen Sie „t-t-t", dann stimmloses „sssss", dann „tssss". Bei **t** stößt die Zunge an die Zähne, diese bilden eine Barriere und die Zunge geht zurück: „sssss".

Machen Sie bei **z** eine Geste: Ziehen Sie imaginär etwas zu sich her.

Sehen Sie sich auch das Video an. ▶ 28

6 Ein Katzen-Witz

▶ 3.31 **a** Hören Sie und ergänzen Sie *z* oder *tz*.

Max und Mori*tz* machen Urlaub in der Schwei____. Sie sind im ____irkus. Eine Ka____e tan____t auf einem Trape*z* und singt. Ein kleiner Hund spielt da____u am Klavier. Mori____ si____t mit un____ufriedenem Gesicht auf seinem Pla____.

„Was ist los?", fragt sein Freund.

„Ka____en können gar nicht singen."

„Und woher kommt dann die Stimme?"

„Der Hund ist bestimmt ein Bauchredner."

b Hören Sie noch einmal und lesen Sie mit.

c Lesen und sprechen Sie den Text.

> **!** Am Wortanfang (• **Z**irkus), nach langen Vokalen (• Trape**z**), nach Konsonanten (tan**z**en) und nach *au, ei, eu/äu* (• Schwei**z**) schreibt man **z**.
>
> Nach kurzen Vokalen schreibt man **tz** (• Ka**tz**e).
>
> Ausnahmen: • Pi**zz**a, spa**z**ieren gehen

7 Wetterumschwung

▶ 3.32 **a** Hören Sie und lesen Sie mit.

Was für eine Hitze!
Wir sind trotzdem unterwegs.
Doch plötzlich wechselt das Wetter.
Es wird windig und wolkig.
Jetzt ist das Gewitter da:
Es blitzt und donnert,
Regen von allen Seiten:
von links, von rechts, von oben, von unten.
Schnell mit dem Taxi nach Hause.

> **!** Die Buchstabenkombinationen **ks**, **gs**, **chs** oder **x** spricht man „ks".

b Lesen und sprechen Sie den Text.

8 Im Rhythmus: Grammatikwörter

▶ 3.33 **a** Hören Sie und ergänzen Sie die fehlenden Wörter.

die Negation, die *Position*,
die Konjunktion, die __________,
die Deklination, die __________,
die Komposition, die __________

▶ 3.34 **b** Hören Sie noch einmal und sprechen Sie jedes zweite Wort.

> Wörter mit **-tion** spricht man mit **z** („zion"). Die letzte Silbe ist betont („on"). Die Wörter haben immer den Artikel *die*.

C4 Die Konsonanten sch, ch, h

1 Sch hören

▶ 3.35 **a** Welches Wort hören Sie? Kreuzen Sie an.

1	☐ • Tasse	☒ • Tasche
2	☐ wischen	☐ wissen
3	☐ • Sohn	☐ schon
4	☐ • Fleiß	☐ • Fleisch
5	☐ • Schinken	☐ sinken
6	☐ tausend	☐ tauschen

sch ist nicht wie **s**! **!**

▶ 3.36 **b** Hören Sie und wiederholen Sie.

Sagen Sie „ssss“. Machen Sie mit den Lippen ein **o** oder **u**. Ziehen Sie die Zunge ein bisschen zurück. Achtung: Die Lippen bleiben in der **o**- oder **u**-Stellung.

Stellen Sie sich vor, dass Sie etwas Schweres wegschieben möchten. Machen Sie diese Geste und sagen Sie „**schschsch**...ieben“.

Sehen Sie sich auch das Video an. ▶ 29

2 Sich krank fühlen

▶ 3.37 **a** Hören Sie und lesen Sie mit.

Ich habe **Sch**merzen.
Und ich habe **Sch**nupfen.
Das ist wirklich **sch**limm.
Nichts **sch**meckt mir,
nicht einmal **Sch**okolade.
Das ist nicht **sch**ön!
Ich **sch**lafe **sch**lecht.
Es ist **sch**recklich!

b Lesen und sprechen Sie den Text. Konzentrieren Sie sich auf *sch*.

3 Zungenbrecher

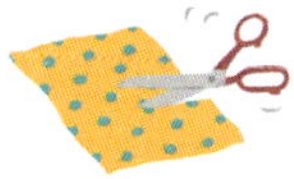

▶ 3.38 Hören Sie und sprechen Sie dann selbst.

Schneiders **Sch**ere **sch**neidet **sch**arf. **Sch**arf **sch**neidet **Sch**neiders **Sch**ere.

4 Durchsagen

▶ 3.39 **a** Hören Sie und wiederholen Sie.

● **St**raßenbahn ● **St**au ● Halte**st**elle aus**st**eigen
zusammenge**st**oßen ● Ver**sp**ätungen ~~ge**sp**errt~~ ● **Sp**uren

b Ordnen Sie die Wörter aus **a** zu.

1 Die Schillerstraße ist *gesperrt*. Die ____________ fährt deshalb heute nur bis zur ____________ „Stadtmitte". Bitte dort ____________.

2 Wegen Schnee und Eis kommt es am Flughafen Stuttgart im Moment zu ____________.

3 Auf der A7 sind zwei Fahrzeuge ____________, zwei ____________ sind blockiert. Drei Kilometer ____________.

c Lesen und sprechen Sie die Texte. Achten Sie auf *st* und *sp*.

Am Wortanfang und am Silbenanfang schreibt man **sp** und **st**, aber man spricht „schp" und „scht". Sehen Sie sich auch das Video an. ▣ 30 **!**

5 Hilfe im Haushalt

▶ 3.40 **a** Worum bittet die Frau?
Hören Sie und ergänzen Sie.
Könntest du bitte ...

Wenn **s** am Wortende oder am Ende einer Silbe steht, spricht man **s**. Auch wenn **t** oder **p** folgt: ● Fen**s**-**t**er, ra**s**-**p**eln

1 *die Fenster putzen*?
2 ____________ raspeln?
3 ____________?
4 ____________?
5 ____________?
6 ____________?
7 ____________?

b Lesen und sprechen Sie die Sätze.

6 Richtig ausgesprochen?

▶ 3.41 Was sagt der Mann? Was meint er? Hören Sie und kreuzen Sie an.

Er sagt: ☐ Mädchen ☐ Menschen

Er meint: ☐ Mädchen ☐ Menschen

!

Den „ich-Laut“ spricht man nach

– *ä, ö, ü, e, i*: di**ch**

– *eu/äu* und *ei*: eu**ch**

– Konsonanten: ● Mäd**ch**en

Sagen Sie „Katja“ und dann noch einmal langsam „Kat-ja“. Zwischen dem „t“ und dem „j“ entsteht **ch**. Hören Sie es?

Oder versuchen Sie es mit englischen Wörtern: cute, tube … Auch hier spricht man **ch**, um von „c“ zu „u“ bzw. von „t“ zu „u“ zu kommen.

7 Reflexive Verben

▶ 3.42 Hören Sie und ergänzen Sie die Sätze. Wiederholen Sie dann.

1 Wenn es laut ist, *kann ich mich nicht konzentrieren.*

2 Wenn der Zug Verspätung hat, ____________________

3 Wenn ich ein Ziel erreiche, ____________________

4 Wenn ich zu viel esse und trinke, ____________________

5 Wenn das Essen im Restaurant nicht schmeckt, ____________________

6 Wenn ich einen Fehler gemacht habe, ____________________

8 Reime

a Was reimt sich auf das Wort? Ordnen Sie zu.

S • ~~d~~ • l • n • K • R • b • B

1	● Koch	*d*och	_och
2	machen	_achen	● _achen
3	suchen	● _uchen	_uchen
4	● Lauch	● _auch	● _auch

▶ 3.43 **b** Hören Sie und wiederholen Sie.

> Den „ach-Laut" spricht man nach *a*, *o*, *u* und *au*. Üben Sie mit „gucken". Stoppen Sie bei „ck". Ihre Zunge versperrt den Weg für die Luft. Atmen Sie nun aus. Es entsteht **ch**. Sprechen Sie: gucken – Kuchen – gucken – Kuchen …
> Sehen Sie sich auch das Video an. 31 **!**

9 Plural

a Ergänzen Sie den Plural.

1 • Nacht • *Nächte*		4 • Kuchen • ______
2 • Woche • ______		5 • Buch • ______
3 • Tochter • ______		6 • Sprache • ______

▶ 3.44 **b** Hören Sie und wiederholen Sie.

10 Schloss Neuschwanstein

▶ 3.45 **a** Hören Sie und ergänzen Sie *sch* oder *ch*.

Besu_____en Sie do_____ einmal *Sch*loss Neu_____wanstein. Es ist eine der berühmtesten Sehenswürdigkeiten Deut_____lands. Mehr als eine Million Men_____en pro Jahr besi_____tigen das Schloss. Das war so nicht geplant. Der bayeri_____e König Ludwig II. hat das Schloss für si_____ alleine gebaut. Leider konnte er nur wenige Wo_____en dort wohnen. Denn er ist gestorben, bevor das Schloss fertig war. Das Mär_____enschloss war Inspiration für den US-Filmema_____er Walt Disney. Er hat das Schloss als Logo für seine Produktionsfirma gewählt und für Filme wie Cinderella genutzt.

> **-ig** spricht man am Wortende und am Silbenende wie „-ich":
> • Kön**ig**. Zwischen Vokalen aber „g": weni**g**e. In Süddeutschland, Österreich und in der Schweiz spricht man immer „-ig".

b Lesen und sprechen Sie den Text.

11 H hören

▶ 3.46 **a** Welches Wort hören Sie? Kreuzen Sie an.

1	☐ • Ende	☒ • Hände
2	☐ er	☐ • Herr
3	☐ alle	☐ • Halle
4	☐ • Inder	☐ hinter
5	☐ alt	☐ Halt!
6	☐ ihr	☐ hier

▶ 3.47 **b** Hören Sie und wiederholen Sie.

> **!** Am Wortanfang muss man das **h** sprechen (• **H**err). Sehen Sie sich das Video an und machen Sie die Geste. ▶ 32
>
> Das **h** kann aber auch eine orthografische Funktion haben: Es macht den Vokal vor dem **h** lang. Man spricht das **h** dann nicht. Nach dem **h** stehen die Konsonanten *l, m, n, r* (i**h**r) oder das Wort ist zu Ende (• Schu**h**).

12 Deutschlandreise

a Wo muss man das *h* sprechen? Lesen Sie den Text und markieren Sie.

Wir fahren von Hamburg nach Hannover und über Gütersloh nach Aachen. Von dort geht es mit der Bahn nach Heidelberg. Dort wohnen wir in einem alten Hotel ohne Heizung. In Karlsruhe sehen wir uns den berühmten Stadtteil Durlach an und kommen an unserem Ziel Stuttgart an. Hier ist unsere Reise zu Ende.

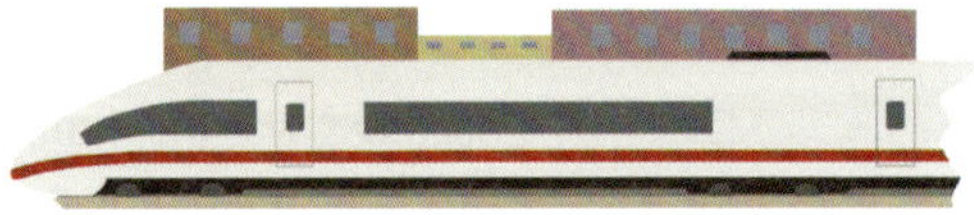

▶ 3.48 **b** Hören Sie und lesen Sie mit.

c Lesen Sie und sprechen Sie den Text.

> **!** Das **h** hat auch die Funktion, zwei Silben zu trennen: s**e**-**he**n. Hier spricht man das **h** nicht.

> Bitte das **h** nicht zu hart sprechen. Es ist nicht wie **ch** („ach")! Vergleichen Sie: **H**amburg – Aa**ch**en

C5 Die Konsonanten f, v, w

1 Am Flughafen

a Was passiert am Flughafen in welcher Reihenfolge? Verbinden Sie.

1 Wir kommen am Flughafen an
2 Wir gehen zur Abflughalle
3 Wir gehen durch die Sicherheitskontrolle
4 Dann warten wir darauf,
5 Endlich ist es so weit:

a dass das Gate geöffnet wird.
b und trinken noch einen Kaffee.
c Wir dürfen einsteigen.
d und stellen den Wagen in der Tiefgarage ab.
e und geben die Koffer auf.

b Markieren Sie alle *f* und *w*.

▶ 3.49 **c** Hören Sie und lesen Sie mit.

> Legen Sie die untere Lippe an die oberen Zähne. Atmen Sie mit Kraft aus und sagen Sie „ffff". Machen Sie dabei die Geste wie im Video. ▣ 33
>
> Legen Sie die untere Lippe wieder an die oberen Zähne. Atmen Sie nun vorsichtig aus und sagen Sie „wwww". Legen Sie dabei die Hand um den Hals und spüren Sie die Vibration. Oder machen Sie die Geste wie im Video. ▣ 34

2 Ins Restaurant gehen

▶ 3.50 **a** Hören Sie und ergänzen Sie den Dialog.

- ● *Wollen* wir essen gehen?
- ▲ __________ nicht? Was essen wir?
- ● __________ hast du denn Lust?
- ▲ Wie __________ es mit Pizza?
- ● Ich __________ nicht. Ich würde lieber __________ anderes essen.
- ▲ Was hältst du von Französisch?
- ● Das __________ ich eine gute Idee.

b Lesen und sprechen Sie den Dialog.

> Das deutsche **w** darf man nicht wie das englische **w** aussprechen.
> Das deutsche **w** ist wie das englische **v** (**v**ery)!

3 Das will ich wissen!

▶ 3.51 **a** Was würde der Mann gern wissen? Hören Sie und ergänzen Sie.

Ich würde gern wissen,

1 *ob es wirklich leiser wird, wenn Schnee fällt.*

2 ______________________________

3 ______________________________

4 ______________________________

5 ______________________________

6 ______________________________

b Lesen und sprechen Sie die Sätze.

4 Aprilwetter

▶ 3.52 **a** Hören Sie und lesen Sie mit.

April! April!
Der weiß nicht, was er will.
Mal lacht der Himmel klar und rein,
mal schauen dunkle Wolken rein,
bald Regen und bald Sonnenschein!
O weh! O weh!
Nun kommt er noch mit Schnee!
Was sind das nur für Sachen,
das Wetter so zu machen!
April! April!
Der weiß nicht, was er will.

(Nach einem Gedicht von Heinrich Seidel)

b Lesen und sprechen Sie den Text. Konzentrieren Sie sich auf *w*.

5 Zungenbrecher

▶ 3.53 Hören Sie und sprechen Sie dann selbst.

Wenn **W**eihnachts**w**ichtel **w**eiße **W**eihnacht **w**ünschen, **w**erden **W**inter**w**under **w**ahr. **W**inter**w**under **w**erden **w**ahr, **w**enn **W**eihnachts**w**ichtel **w**eiße **W**eihnacht **w**ünschen.

6 Mit Emotion, bitte: Im Straßenverkehr

▶ 3.54 Hören Sie und sprechen Sie leise mit. Wiederholen Sie dann.

1 **V**orsicht! Fußgänger!
2 He! Hier ist Parken **v**erboten!
3 He! Hier ist rechts **v**or links!
4 Sind Sie **v**errückt? Sie fahren **v**iel zu schnell!
5 Aus dem Weg! Ich habe **V**orfahrt!
6 Hast du kein Na**v**i? Wir sind total falsch!
7 Sei doch nicht immer so ner**v**ös! Denk positi**v**!

!

Man spricht das **v** wie ein **f** in germanischen („deutschen") Wörtern (● **V**orname) und wie ein **w** in internationalen Wörtern / Wörtern aus anderen Sprachen (● **V**ase).

Ausnahme: Die Endung **-iv** spricht man am Wortende mit **f** (akt**iv**, posit**iv**, ...).

Sehen Sie sich auch das Video an. ▶ 35

7 Karaoke: Viel

▶ 3.55 Hören Sie und lesen Sie die Antworten laut.

1 ● ...
▲ Vielen Dank.

2 ● ...
▲ Sag ihr viele Grüße.

3 ● ...
▲ Viel Spaß.

4 ● ...
▲ Wir wünschen euch viel Glück.

5 ● ...
▲ Viel Erfolg.

6 ● ...
▲ Viel Geld.

8 Ein Volkslied

a Lesen Sie den Liedtext und achten Sie besonders auf *f*, *v*, *w* und *b*.

Kommt ein Vogel geflogen,
setzt sich nieder auf meinen Fuß.
Hat einen Zettel im Schnabel,
von der Mutter einen Gruß.

Lieber Vogel, fliege weiter.
Nimm einen Gruß mit und einen Kuss.
Denn ich kann dich nicht begleiten,
weil ich hierbleiben muss.

b Suchen Sie im Internet das Lied „Kommt ein Vogel geflogen". Hören Sie das Lied und singen Sie mit.

Ist Ihre Muttersprache Spanisch? Dann beachten Sie bitte: **b** ist nicht wie **w**!

9 Wortfelder

a Was passt nicht in die Reihe? Streichen Sie das Wort durch.

1	• Pferd	• Schaf	• ~~Pflanze~~	• Schwein
2	• Kopf	• Fuß	• Finger	• Pflaster
3	• Kartoffel	• Kochlöffel	• Topf	• Pfanne
4	• Krankenpfleger	• Empfänger	• Friseur	• Feuerwehrmann
5	• Apfel	• Pflaume	• Wein	• Pfirsich

▶ 3.56 **b** Hören Sie die Wörter mit *pf* und wiederholen Sie.

Für **pf** braucht man viel Kraft. Üben Sie zuerst nur **p**: „p-p-p-p“. Sagen Sie: „Stopp“ und „Hopp“. Stoppen Sie bei **p**, halten Sie die Luft an. Drücken Sie den Zeigefinger auf den Mund und ziehen Sie mit dem Finger die Oberlippe leicht nach oben. Atmen Sie aus: „ffff“.

Sehen Sie sich auch das Video an. ▣ 36

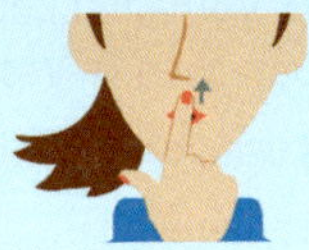

10 Alles mit dem Kopf!

a Welche Erklärung passt zu welcher Redewendung? Ordnen Sie zu.

1 Er steckt den Kopf in den Sand. c

2 Er hat ein Brett vor dem Kopf. ____

3 Er will mit dem Kopf durch die Wand. ____

4 Er hat dir den Kopf verdreht. ____

a Er will unbedingt etwas Unmögliches erreichen.

b Er hat es geschafft, dass du dich in ihn verliebst.

c Er will die Realität oder eine Gefahr nicht sehen.

d Er versteht nichts.

▶ 3.57 **b** Hören Sie und sprechen Sie leise mit. Wiederholen Sie dann.

C6 Der Konsonant l

1 Lesen

3.58 **a** Hören Sie und lesen Sie mit.

Lotte **l**iest gern. Sie mag **l**eichte **L**iteratur. Besonders Geschichten über die **L**iebe gefa**ll**en ihr. Aber sie mag auch **l**ustige Bücher. Es gefä**ll**t ihr, wenn sie beim **L**esen **l**achen kann. **L**eider sieht **L**otte sch**l**echt. Deshal**b** braucht sie eine **L**ese**l**ampe und eine **L**esebri**ll**e.

b Lesen und sprechen Sie den Text.

Die Zunge darf bei **l** nicht nach hinten rollen wie im Englischen oder in slawischen Sprachen. Die Zungenspitze drückt flach gegen die Zähne wie bei „n“. Halten Sie sich die Nase zu. Die Luft kann nicht mehr durch die Nase. Sie muss durch den Mund: „llll“.

Legen Sie die Zunge in die Position von „d“. Lassen Sie die Luft an den Seiten der Zunge vorbei: „llll“.

Sehen Sie sich auch das Video an. 37

2 Mit Emotion, bitte: Einmal im Leben!

3.59 Hören Sie und sprechen Sie leise mit. Wiederholen Sie dann.

1 Einmal im Leben nach Alaska reisen – das wäre toll!
2 Einmal im Leben viel Geld gewinnen – das wäre toll!
3 Einmal im Leben fliegen können – das wäre toll!
4 Einmal im Leben in einem Schloss schlafen – das wäre toll!
5 Einmal im Leben mit Delfinen schwimmen – das wäre toll!

3 Wörter verbinden

3.60 Hören Sie und verbinden Sie die gehörten Wörter mit einer Linie. Was sehen Sie?

leise • • Regen
• Reise • legen
fühlen • Rippe •
Glas • Lippe •
führen • • Gras • hart • halt
Land • • fühlen • Schrank
Rand • • schlank

Bitte verwechseln Sie nicht **r** und **l**! Tipp: Sprechen Sie das **r** im Hals → Kapitel C1. Das **l** spricht man vorne mit der Zungenspitze an den Zähnen.

4 Farben

a Was passt? Ordnen Sie zu.

• Bananen • Wald • Blut • Gras • Himmel • Meer
• ~~Sonne~~ • Zitronen • Lippen • Salat • Tomaten

grün ______________________

rot ______________________

blau ______________________

gelb *Sonne,* ______________________

▶ 3.61 **b** Bilden Sie Sätze mit den Wörtern aus **a** und sprechen Sie sie. Hören Sie zuerst vier Beispiele.

Der Wald ist grün. Blut ist rot. Der Himmel ist blau. Die Sonne ist gelb.

____

5 Ein Nikolauslied

▶ 3.62 **a** Hören Sie den Text von einem beliebten Nikolauslied und ergänzen Sie *l*, *ll* oder *r*.

1 *L*asst uns f____oh und munter sein
und uns ____echt von Herzen f____eu'n!
Lustig, lustig, tralalalala
Ba____d ist Niko____ausabend da.
Ba____d ist Niko____ausabend da.

2 Dann ste____ ich den Te____er ____aus
Niklaus ____egt gewiss was drauf
Lustig, lustig, ...

3 Wenn ich sch____af, dann t____äume ich:
Jetzt b____ingt Niklaus was für mich
Lustig, lustig, ...

4 Wenn ich aufgestanden bin,
____auf' ich schne____ zum Te____er hin.
Lustig, lustig, ...

b Lesen und sprechen Sie die Liedstrophen.

c Suchen Sie das Lied im Internet. Hören Sie das Lied und singen Sie mit.

C7 Die Konsonanten ng und nk

1 ng erkennen

▶ 3.63 In welchem Wort hören Sie *ng*? Kreuzen Sie an.

	1. Wort	2. Wort
1	☐	☒
2	☐	☐
3	☐	☐
4	☐	☐

2 Mit Emotion, bitte!

▶ 3.64 Hören Sie und sprechen Sie leise mit. Wiederholen Sie dann.

1 Was für schöne Ri**ng**e!
2 Was für ein la**ng**weiliger Film!
3 Was für ein wunderbarer Frühli**ng**!
4 Was für ein netter Ju**ng**e!
5 Was für eine riesige Me**ng**e Geld!
6 Was für eine schwierige Übu**ng**!

ng – das sind zwei Buchstaben, aber ein Laut. Sprechen Sie **n** und **g** nicht getrennt!

Jun-ge Junge

Bei **n** und **ng** muss die Luft zur Nase raus. Regel: Bei **n** macht die Zunge vorne zu, bei **ng** macht die Zunge hinten zu. Das heißt: Die Zunge verschließt den Weg für die Luft aus dem Mund. Sprechen Sie „nnnn" und legen Sie dabei den Finger auf die Zunge. Es wird **ng**.

Sehen Sie sich auch das Video an. ▶ 38

3 Wortbildung

a Bilden Sie aus den Verben Nomen mit *-ung*.

1 prüfen • *Prüfung*
2 übersetzen • ____________
3 rechnen • ____________
4 (sich) bewerben • ____________
5 meinen • ____________

▶ 3.65 **b** Hören Sie und wiederholen Sie.

C

4 Angst

▶ 3.66 **a** Hören Sie und wiederholen Sie.

1 • Schlangen 2 • Krankheiten 3 vielen • Dingen

4 • Dunkelheit 5 einer • Kündigung

▶ 3.67 **b** Hören Sie die Frage und antworten Sie mit den Wörtern aus **a**. Hören Sie zuerst ein Beispiel.

Wörter mit **nk** spricht man „ngk“.

- Wovor hast du Angst?
- Ich habe Angst vor Schlangen.

5 Trennbare Verben

a Setzen Sie die Sätze ins Perfekt.

1 Der Zug kommt um fünf an.
Der Zug ist um fünf angekommen.

2 Ich kaufe bei Edekauf ein.
____

3 Er lädt sie zu einem Kaffee ein.
____

4 Ich melde mich zum Malkurs an.
____

5 Das Fußballtraining fängt an.
____

6 Der kranke Mann ruft den Arzt an.
____

▶ 3.68 **b** Hören Sie und sprechen Sie leise mit. Wiederholen Sie dann.

Wenn **n** und **g** oder **n** und **k** zu verschiedenen Silben gehören, spricht man **n** + **g** bzw. **n** + **k**.

an | kommen an-gekommen

C8 Der Konsonant j

1 Wörter mit j

a Was meinen Sie: Wie spricht man diese Wörter aus? Lesen Sie die Wörter laut.

• **J**uni • **J**acke • **J**ournalist • **J**ahr • **J**azz

• **J**ugend **J**apan **j**oggen • **Y**oga • Pro**j**ekt

▶ 3.69 **b** Hören Sie und vergleichen Sie. Wiederholen Sie.

> **!**
> Der Buchstabe **j** wird unterschiedlich artikuliert.
> – In germanischen („deutschen") Wörtern und Wörtern, die schon lange im Deutschen sind, spricht man **j** wie in • **J**ahr. Sprechen Sie immer schneller und leiser: „i-a, i-a, ia, ia, ja, ja, ja."
> – Wörter aus dem Englischen oder Französischen behalten ihre Aussprache meistens: • **J**azz, • **J**alousie. Achtung: Manche sprechen das französische Wort „Journalist" heute englisch aus.
> – Der Buchstabe **y** wird nur am Wortanfang als **j** gesprochen. Er kommt nur in Fremdwörtern vor: • **Y**oga

2 Immer wieder

a Was bedeuten die Adjektive? Ergänzen Sie.

1 täglich *jeden Tag*
2 stündlich ____________
3 wöchentlich ____________
4 monatlich ____________
5 jährlich ____________

▶ 3.70 **b** Sätze sprechen: Hören Sie und wiederholen Sie.

3 Internationale Wörter

▶ 3.71 Hören Sie und wiederholen Sie.

• Famil**i**e Ital**i**en soz**i**al • Spez**i**alist

• Nat**i**on • Mill**i**on Serb**i**en • Informat**i**on

> In nicht betonten Silben klingt **i** vor einem Vokal oft wie **j**, besonders, wenn man schnell spricht.

C9 Konsonantenverbindungen

1 Richtig ausgesprochen?

▶ 3.72 Was sagt die Frau? Was meint sie? Hören Sie und kreuzen Sie an.

Sie sagt:	☐ beraten	☐ braten
Sie meint:	☐ beraten	☐ braten

Zwischen zwei oder mehr Konsonanten darf man keinen Vokal sprechen. **beraten** **braten**

2 Am Wortanfang

a Was passt wo? Ordnen Sie zu.

~~kl~~ • pfl • schm • schw • str • tr

1	*kl*ein	• ___eid	___ug	___appen
2	___ecken	___utzig	• ___erzen	___al
3	___inken	___äumen	___aurig	___ocken
4	• ___aße	• ___and	___eiten	• ___ess
5	• ___ein	___immen	___anger	___ierig
6	• ___anze	• ___aume	• ___ege	• ___aster

▶ 3.73 **b** Hören Sie und sprechen Sie leise mit. Wiederholen Sie dann.

Am Wortanfang sind Konsonantenverbindungen oft besonders schwierig zu sprechen. Üben Sie, indem Sie einen Vokal vor das Wort setzen: „a**k-l**ein“. Stellen Sie sich dann den Vokal nur noch im Kopf vor, aber sprechen Sie ihn nicht: (a)**kl**ein, **kl**ein.

3 Fragen und Bitten

▶ 3.74 **a** Hören Sie und lesen Sie mit.

1 ● Feierabend! Ich gehe je**tzt**.
▲ Okay. Wi**rfst** du bitte die **Br**iefe in den **Br**iefkasten?

2 ● Also, tschüss dann. Mein Zug geht **gl**eich.
▲ **Schr**ei**bst** du mir, wenn du angekommen bist?

3 ● Die Leute können einfach nicht Auto fahren.
▲ Warum schi**mpfst** du denn immer **gl**eich? Das **br**i**ngt** doch ni**chts**.

4 ● Hallo. Ich bin da. Wo darf ich parken?
▲ Pa**rkst** du bitte da **dr**üben? Da ist **fr**ei.

5 ● Ich liebe **Spr**achen!
▲ Welche **Spr**achen **sprichst** du denn?

6 ● Ah! Je**tzt** eine Zigarette!
▲ Hier da**rfst** du leider nicht rauchen.

b Lesen und sprechen Sie die Dialoge.

4 Komposita

a Was passt? Verbinden Sie.

1 ● Geld	a ● Schmerzen
2 ● Arzt	b ● Platz
3 ● Milch	c ● Fleisch
4 ● Herbst	d ● Problem
5 ● Kopf	e ● Spaziergang
6 ● Rind	f ● Praxis
7 ● Markt	g ● Flasche

▶ 3.75 **b** Hören Sie und kontrollieren Sie Ihre Lösung. Wiederholen Sie.

Üben Sie lange Wörter zuerst einzeln und dann mit kurzen Pausen zwischen den Wortteilen: ● Ge**ld**, ● **Pr**oblem, ● Ge**ld**-**Pr**oblem, ● Ge**ldpr**oblem

Lösungen und Hörtexte

A1

1

- ● Wo bist du?
- ▲ In einem Kaffee.
- ● Das ist ein schönes Bild. Du in einem Kaffee.
- ▲ Na, du weißt ja, was ich meine.

Er sagt: Kaffee
Er meint: Café

2 a Joghurt Marmelade Honig Müsli Banane Bananenmilch Kaffee Orangen Orangensaft Eier Schinken

b O o Joghurt, Honig, Müsli, Kaffee, Eier, Schinken
o O o Banane, Orangen
o O o o Bananenmilch, Orangensaft
o o O o Marmelade

c 2 ● Was isst du zum Frühstück?
▲ Müsli mit Joghurt.

3 ● Was trinkst du zum Frühstück?
▲ Ein Glas Orangensaft.

4 ● Was isst du zum Frühstück?
▲ Eier und Schinken.

5 ● Was trinkst du zum Frühstück?
▲ Eine Tasse Kaffee.

6 ● Was isst du zum Frühstück?
▲ Nichts. Ich trinke nur eine Bananenmilch.

3 a Musik singen Konzert Karte Konzertkarte Künstler Künstlerin Sängerin Schauspieler Kultur ausstellen Ausstellung Ermäßigung reservieren Theater Museum Literatur interessant uninteressant

4 a 1 Fahrer mitfahren Mitfahrerin abfahren Abfahrt Abfahrtszeit Fahrrad Kinderfahrrad
2 kaufen einkaufen Einkäufe verkaufen Verkauf Verkäuferin verkäuflich unverkäuflich Kaufhaus Kaufmann Bankkaufmann

5 a unsympathisch unhöflich unzufrieden unpünktlich unordentlich

6 a 2 Zimmer
3 Hotelzimmer
4 willkommen
5 bezahlen
6 besichtigen

7 a/b 2 Flasche Wasserflasche Mineralwasserflasche
3 Durst Kaffeedurst Milchkaffeedurst
4 Bier Festbier Oktoberfestbier
5 Schorle Saftschorle Apfelsaftschorle
6 Getränk Heißgetränk Lieblingsheiß-getränk

8 a 1 d 2 c 3 a 4 e 5 b

b 1 WG – Ich wohne in einer WG.
2 EU – Deutschland gehört zur EU.
3 PC – Ich brauche einen neuen PC.
4 ICE – Wir fahren mit dem ICE.
5 WC – Gibt es hier ein WC?

9 a 2 müde 3 sauer 4 zufrieden 5 optimistisch 6 traurig 7 glücklich

b 2 ● Du hast heute 12 Stunden gearbeitet. Wie fühlst du dich?
▲ Ich bin müde.

3 ● Dein Freund ist nicht zu einer Verabredung gekommen und hat auch nicht angerufen. Wie fühlst du dich?
▲ Ich bin sauer!

4 ● Du hast deine ganze Arbeit geschafft. Toll! Wie fühlst du dich?
▲ Ich bin zufrieden.

5 ● Du hast bei einem Gewinnspiel mitgemacht. Wie fühlst du dich?
▲ Ich bin optimistisch.

6 ● Deine Katze ist weggelaufen. Wie fühlst du dich?
▲ Ich bin traurig.

7 ● Du heiratest heute. Wie fühlst du dich?
▲ Ich bin glücklich.

A2

1 c 1 ● Was magst du lieber: die Berge oder das Meer?
▲ Das Meer.

2 ● Magst du die Berge und das Meer auch?
▲ Das Meer mag ich nicht.

3 ● Wohin fährst du im Sommer?
▲ Ans Meer.

4 ● Was macht ihr am Wochenende?
▲ Wir fahren ans Meer.

5 ● Habt ihr schon Pläne für den Urlaub?
▲ Ja. Wir wollen ans Meer fahren.

6 ● Was wollen wir morgen machen?
▲ Was hältst du von einem Ausflug ans Meer?

2 a 2 d 3 a 4 c 5 f 6 b

3 a 2 mehr schlafen – viel lachen
3 zu Fuß gehen – sich ausruhen
4 Gymnastik machen – ins Schwimmbad gehen

c 2 Du solltest mehr **schla**fen. Du solltest viel **la**chen. Du solltest **Obst** essen.
3 Du solltest dich be**we**gen. Du solltest zu **Fuß** gehen. Du solltest dich **aus**ruhen.
4 Du solltest Gym**nas**tik machen. Du solltest ins **Schwimm**bad gehen. Du solltest früh ins **Bett** gehen. / Du solltest **früh** ins Bett gehen.

5 a 2 Meine Kollegin bringt mir morgens **im**mer einen Kaffee.
3 Meine Kollegin bringt mir **mor**gens immer einen Kaffee.
4 Meine Kollegin bringt **mir** morgens immer einen Kaffee.
5 Meine Ko**lle**gin bringt mir morgens immer einen Kaffee.
6 **Mei**ne Kollegin bringt mir morgens immer einen Kaffee.

b 2 ● Wie schade. Deine Kollegin bringt dir morgens nie einen Kaffee.
▲ Meine Kollegin bringt mir morgens immer einen Kaffee.

3 ● Wann bringt dir deine Kollegin immer einen Kaffee?
▲ Meine Kollegin bringt mir morgens immer einen Kaffee.

4 ● Deine Kollegin bringt dem Chef morgens immer einen Kaffee. Typisch.
▲ Meine Kollegin bringt mir morgens immer einen Kaffee.

5 ● Wer bringt dir morgens immer einen Kaffee?
▲ Meine Kollegin bringt mir morgens immer einen Kaffee.

6 ● Was? Meine Kollegin bringt dir morgens immer einen Kaffee?
▲ Meine Kollegin bringt mir morgens immer einen Kaffee.

8 a 2
1 Im **Nor**den | regnet es **nicht**. |
Aber im **Sü**den. |
2 Im Norden **reg**net es. |
Nicht aber im Süden. |

3
1 **Män**ner sagen, | Frauen sind **schön**. |
2 **Män**ner, | sagen **Frau**en, | sind **schön**.. |

4
2 Mia und Basti heiraten **nicht**: |
Er **woll**te, | sie **nicht**. |
1 Mia und Basti heiraten **nicht**: |
Er **woll**te sie nicht. |

5
2 Ich **ar**beite. | Nicht **stö**ren, | **bit**te. |
1 Ich arbeite **nicht**. | **Stö**ren, | **bit**te. |

6
1 Peter will **kom**men. |
2 **Pe**ter! | Will**kom**men. |

9 a/c 1
Auf dem Bett | liegt ein Hund. |
Auf dem Stuhl | sitzt ein Mann. |

2
Auf dem Sofa | liegen Kissen. |
Auf dem Boden | liegt ein Teppich. |
An den Fenstern | stehen Pflanzen. |

3
Im Regal | stehen Bücher. |
Auf dem Tisch | stehen Gläser. |
Und im Schrank | hängen Jacken. |

b 1 o o O o o O
2 o o O o o o O o
3 o o O o o O o

10 1 Ein Bus |
steht an der Ampel |
und wartet dort auf Grün. |
Ein Kind |
schießt einen Ball rein. |
Das Fenster ist kaputt. |

2 Ein Bus |
steht an der Ecke |
und will bald wieder fahr'n. |
Ein Kind |
steigt in den Bus ein |
mit Eis | – oje, oje! |

11 a ... Eines Nachts | wacht er auf, | öffnet seinen Schrank | und sieht sich im Spiegel. | Er ruft die Polizei | und sagt: | „Kommen Sie schnell! | In meinem Schrank ist ein fremder Mann." |
Die Polizei kommt | und schaut in den Schrank. | „Das darf doch nicht wahr sein", | ärgert sich der Polizist. | „Warum haben Sie denn die Polizei gerufen, | wenn schon ein Polizist hier ist?" |

A3

1 1 Die Frau hat geglaubt, dass der Obstverkäufer mehr Früchte im Angebot hat.
2 Weil er mit der Stimme nicht nach unten gegangen ist.

2 a/b ▲ Mit seiner Familie? ↑
● Nein, → allein. ↓
▲ Allein? ↑ Ist er geschieden? ↑
● Ja, → er ist geschieden. ↓ Seit vier Monaten. ↓
▲ Seit vier Monaten schon? ↑
● Oder seit fünf. ↓ Jetzt ist er umgezogen. ↓ Nach Berlin. ↓
▲ Nach Berlin? ↑ Ich habe immer gedacht, → er mag die Stadt nicht. ↓
● Warum soll er die Stadt nicht mögen? ↑
▲ Er liebt die Natur, → glaube ich. ↓

3 a 2 Bringen Sie die Briefe zur Post?
3 Schließen Sie alle Fenster!
4 Machen Sie den Drucker aus!
5 Kopieren Sie noch die Dokumente?
6 Warten Sie auf mich?

4 2 ● Welche Hose soll ich anziehen?
▲ Die blaue Hose.
● Die blaue Hose?
▲ Ja, die blaue Hose.

3 ● Welche Schuhe soll ich anziehen?
▲ Die braunen Schuhe.
● Die braunen Schuhe?
▲ Ja, die braunen Schuhe.

4 ● Welche Jacke soll ich anziehen?
▲ Die graue Jacke.
● Die graue Jacke?
▲ Ja, die graue Jacke.

5 ● Welchen Pulli soll ich anziehen?
▲ Den roten Pulli.
● Den roten Pulli?
▲ Ja, den roten Pulli.

6 ● Welches Hemd soll ich anziehen?
▲ Das schwarze Hemd.
● Das schwarze Hemd?
▲ Ja, das schwarze Hemd.

5 b Ich packe meinen **Kof**fer → und nehme eine **Sei**fe, → ein **Hand**tuch, → eine **Zahn**bürste → und einen **Re**genschirm mit. ↓

Ich packe meinen **Kof**fer → und nehme eine **Sei**fe, → ein **Hand**tuch, → eine **Zahn**bürste, → einen **Re**genschirm → und einen **Schlaf**anzug mit. ↓

Ich packe meinen **Kof**fer → und nehme eine **Sei**fe, → ein **Hand**tuch, → eine **Zahn**bürste, → einen **Re**genschirm, → einen **Schlaf**anzug → und **So**cken mit. ↓

6 a 2 Ist das der Zoo? ↑
3 Wann kommt der Bus? ↓
4 Gibt es in der Nähe eine Bank? ↑
5 Wer sind Sie? ↓
6 Wo ist der Bahnhof? ↓

b 2 Entschuldigung, → ich möchte gern wissen, → ob das der Zoo ist. ↓
3 Entschuldigung, → weißt du, → wann der Bus kommt? ↑
4 Entschuldigung, → kannst du mir sagen, → ob es in der Nähe eine Bank gibt? ↑
5 Entschuldigung, → darf ich fragen, → wer Sie sind? ↑
6 Entschuldigung, → kannst du mir bitte zeigen, → wo der Bahnhof ist? ↑

7 a/b/c
● Es geht mir sehr schlecht. | ↓ Ich kann nicht mehr schlafen, | → weil ich jede Nacht den gleichen schlimmen Traum habe. | ↓
▲ Erzählen Sie doch mal! | ↓
▲ Also, | → ich stehe vor einer Tür, | → an der ein Schild hängt. | ↓ Ich drücke | → und drücke | → und drücke, | → aber die Tür öffnet sich nicht. | ↓
● Interessant. | ↓ Was steht denn auf dem Schild? | ↓
▲ Bitte ziehen! | ↓

B1

1
● Stell dir vor, ich habe den Job bekommen.
▲ Das ist Suppe.
● Hä?

Er sagt: Suppe
Er meint: super

2 a **lang**
aa, ah Fahrrad
äh erzählen
ee, eh See, sehr
ie, ih Wiese, ihr
oo, oh Boot, ohne
öh fröhlich
uh Uhr
üh kühlen
Vokal + ß Fuß

kurz
Vokal + mm, nn, ss ... Sommer, schwimmen, Wasser
Vokal + ck packen
Vokal + tz sitzen

3 Erdgeschoss: Kohl (Mitte), Kuhler (rechts)
erster Stock: Keller (links), Kehler (Mitte), Kahl (rechts)
zweiter Stock: Koll (links), Kuller (Mitte), Kill (rechts)
Dachgeschoss: Kiel

4 a Löffel, Messer, Pfanne, Schüssel, Tasse, Teller

b 1 Löffel 2 Tasse 3 Teller 5 Pfanne 6 Schüssel 7 Fischmesser

5 a 1 Haben Sie einen guten Schulabschluss? Mögen Sie Menschen? Machen Sie eine Ausbildung in der Pflege. Beginn: 01.09.
2 Bäcker/-in gesucht! Schicken Sie Ihre Bewerbung bitte an Café Schmoll oder rufen Sie an. Gute Bezahlung!

6 a 2 hoffentlich 3 schlecht 4 nach 5 war

7 a/b 2 Rose 3 Puppe 4 Konzertkarten 5 Malbuch 6 Pralinen

c 2 ● Was schenkst du deiner Freundin?
▲ Ich schenke ihr eine Rose.

3 ● Was schenkst du deiner Tochter?
▲ Ich schenke ihr eine Puppe.

4 ● Was schenkst du deinem Freund?
▲ Ich schenke ihm Konzertkarten.

5 ● Was schenkst du deinem Neffen?
▲ Ich schenke ihm ein Malbuch.

6 ● Was schenkst du deiner Tante?
▲ Ich schenke ihr Pralinen.

8 a lang:
Mond, Flugzeug, Tal, See, Ozean, Delfin

kurz:
Wolke, Sonne, Stern, Berg, Wald,
Fluss, Feld, Fisch, Salz, Plastik

9 Straße – Gehweg – Fahrt – Verspätung –
Benzin – Flug – Rad – Garage
Lösung: A

11 a 2 Hund 3 Ente 4 Vogel 5 Frösche

c 1 ● Hast du ein Haustier?
▲ Ja, einen Hund.

2 ● Für welche Tiere interessierst du dich?
▲ Für Vögel und Fische.

3 ● Was ist dein Lieblingstier?
▲ Mein Lieblingstier ist der Löwe.

4 ● Wie macht die Kuh?
▲ Die Kuh macht „Muh".

5 ● Reitest du?
▲ Ja, aber ich habe kein eigenes Pferd.

6 ● Magst du Bienen?
▲ Na klar! Bienen sind sehr wichtig für die Natur.

B2

1 c 1 Land Wand Strand
2 Plan Bahn
3 was das nass
4 Jahr klar Haar

2 a 2 trägt 3 fragt 4 hält 5 packt
6 macht 7 lässt 8 sammelt

3 1 Tag 2 warm 3 raten 4 nah
5 tanzen 6 Kraft Lösung: Gärtner

4 a 2 Erkältung 3 Beratung
4 Lärm 5 Plastik 6 Haare
7 Gerät 8 Mann

5 a Ärztin, sagt, Ach, armer, Mann,
habe, Niemand, beachtet, Nächste

B3

1 ● Hilfe! Sie stellen das Fahrrad!
▲ Äh? Wer? Und wohin stellen sie das Fahrrad?
● Sie stählen das Fahrrad. Komm schnell.
▲ Was! Die stehlen mein Fahrrad? Haltet die Diebe!

Sie sagt: stellen
Sie meint: stehlen

2 a 2 gleich 3 nicht gleich
4 nicht gleich 5 gleich
6 nicht gleich 7 gleich
8 nicht gleich

3 a 2 stellen 3 hängt 4 Stell
5 legen 6 stecke

c 1 ● Wo steht das Essen?
▲ Das Essen steht auf dem Herd.

2 ● Wohin soll ich die Teekanne stellen?
▲ Du kannst die Teekanne auf den Tisch stellen.

3 ● Wo hängt die Lampe?
▲ Die Lampe hängt an der Decke.

4 ▲ Wohin soll ich das Regal stellen?
▲ Stell das Regal bitte in die Ecke.

5 ● Wohin legen wir die Kissen?
▲ Wir legen die Kissen auf das Bett.

6 ● Wohin steckst du dein Handy normalerweise?
▲ Ich stecke das Handy in die Hosentasche.

4 a Wenn, Hälfte, Hälfte, Problem,
älter, schwer, stärker, nehmen,
unterwegs, Pakete, leben, helfen

5 ● Du hast einen Wunsch frei.
▲ Dann wünsche ich mir zwei Melonen.

Er sagt: Melonen
Er meint: Millionen

6 a 2 Bett 1 bitte 2
3 er 1 ihr 2
4 setzen 2 sitzen 1
5 Fehler 2 viele 1
6 mehr 1 mir 2

7 a Stühle, Wände, Teppiche, Lampen, Blumen, Vasen, Böden, Sessel, Spiegel

b/c An den gelben Wänden hängen Spiegel mit schwarzem Rahmen. Von der Decke hängen grüne Lampen. Um einen runden, roten Tisch stehen blaue Stühle. Auf dem Tisch steht eine Vase mit weißen Blumen. In der Ecke gibt es einen braunen Sessel. Auf dem grauen Boden liegen gelbe Teppiche. Gefällt es dir hier? Dann besuch mich doch mal!

8 a/b 1 Studenten 2 Russen
3 Autorin 4 Patientin
5 Kundin 6 Journalisten

B4

1 1 Person 2
2 Person 2
3 Person 1

2 a 2 Wie spät ist es
3 Wie viel
4 Wie bitte
5 Wie weit ist es
6 Wie lange

3 a ihm, dich, Sie, Ihnen, dir

4 b 2 ● Jeden Tag eine rohe Zwiebel – das ist gut für die Gesundheit.
▲ Sind Sie sicher?

3 ● Du hast eine gute Bewerbung geschrieben, finde ich.
▲ Ist wirklich alles richtig?

4 ● Kein Geld? Lass uns ohne Ticket mit der U-Bahn fahren.
▲ Ich weiß nicht, ob das eine gute Idee ist.

5 ● Stress bringt doch nichts: immer cool bleiben und das Leben genießen.
▲ Vielleicht. Aber ist das immer besser?

6 ● Man muss für jedes Verb auswendig lernen, ob es mit Akkusativ oder Dativ steht.
▲ Ich frage mich, wie Sie auf diese These kommen.

B5

1 a langes **o**:
ohne, sich erholen, Boot, Cola, Pullover, Wohnung

kurzes **o**:
Sommer, Sonne, Koffer, Ostsee, toll

2 a 2 geschlossen
3 gezogen
4 geflogen
5 geschwommen
6 gewonnen
7 getroffen
8 geholfen

c 1 ● Sag mal, hast du in letzter Zeit etwas von Olivia gehört?
▲ Ja, ich habe sie vorgestern getroffen.

2 ● Hat die Post noch geöffnet?
▲ Nein, sie ist schon geschlossen.

3 ● Weißt du, wo Carola jetzt wohnt?
▲ Ich glaube, sie ist nach Oldenburg gezogen.

4 ● Kannst du bitte die Balkonblumen gießen?
▲ Ich habe sie schon gegossen.

5 ● Kann ich bitte mit Herrn Moser sprechen?
▲ Tut mir leid, Herr Moser ist geschäftlich nach Polen geflogen.

6 ● Hat dir die Aussprache-Übung geholfen?
▲ Ja, sie hat mir sehr gut geholfen.

7 ● Und? Wie war dein Tennismatch?
▲ Gut. Ich habe gewonnen.

8 ● Kannst du gut schwimmen?
▲ Na klar. Ich bin schon mal zwei Kilometer geschwommen.

4 a 1 Schloss 2 Zoo 3 Gruß 4 Kuchen

c 1 Nicht ganz sechs Monate.
2 In Österreich (in Wien, Schönbrunn).
3 Ein 16 Jahre alter Azubi (der Küchenlehrling Franz Sacher.)
4 1,63 m.

6
● Bitte löst die Aufgabe.
▲ Wir kennen die Aufgabe nicht lesen.
● Ihr könnt die Aufgabe nicht lesen? Aber ich habe doch sehr groß geschrieben.
▲ Wir können die Aufgabe nicht lösen, sie ist zu schwierig.

Richtig: Die Schüler **können** Mathematik nicht. Die Aufgabe ist schwierig. Die Schüler können die Aufgabe nicht **lösen**.

7 Sohn – Söhne – Töpfe – Kopf – Röcke – Koch – Öfen – Töchter – Wort – Wörter – Schlösser – Schloss – Vogel – Sohn
Lösung: Krokodil

8 a 2 konnte 3 könnte 4 könnte
5 konnte 6 könnte

c 1 ● Was wollen wir am Wochenende machen?
▲ Wir könnten ins Kino gehen.

2 ● Danke für deine Hilfe. Kann ich dir auch helfen?
▲ Oh ja, bitte. Du könntest die Wohnung putzen.

3 ● Ich habe Hunger.
▲ Ich könnte dir schnell Nudeln kochen.

4 ● Regen, Regen! Uns ist so langweilig!
▲ Ihr könntet ein Buch lesen.

B6

1 a 1 Ich bin nicht gesund.
2 Meine Schultern tun weh.
3 Mein Rücken tut weh.
4 Ich habe Husten und Schnupfen.
5 Ich habe große Schmerzen in der Brust.
6 Mein Mund ist ganz trocken und meine Zunge rot.

2 zweimal 3 einmal 4 dreimal
5 einmal 6 dreimal

2 a 2 ruhig 3 mutig 4 gut 5 geduldig

4 a Mein Bruder und ich mussten schon um kurz nach sechs aufstehen, weil wir um acht in der Schule sein mussten. Wir sind mit dem Bus zur Schule gefahren. Die Fahrt hat 45 Minuten gedauert. Wir mussten gute Noten haben. Denn unsere Eltern wollten, dass wir Abitur machen und ein Studium beginnen. Deshalb mussten wir nach der Schule sofort Hausaufgaben machen. Erst dann durften wir raus zum Spielen und unsere Freunde besuchen. Am Abend durften wir fernsehen. Aber nur eine halbe Stunde. Und dann mussten wir ins Bett. Am nächsten Morgen sind wir wieder um kurz nach sechs aufgestanden ...

5 ● Du musst drucken, nicht ziehen!

Sie sagt: drucken
Sie meint: drücken

6 a 1 verrückt 2 ü: müde 3 u: hungrig
4 i: still 5 i: schwierig 6 ü: wütend

7 a 1 Züge 2 Fluss, Flüsse 3 grüßen, Gruß
4 Spiel, Spiele 5 wünschen, Wünsche
6 Kuss, Küsse 7 lügen, Lüge
8 duschen, Dusche

8 a 2 an der Uni studieren.
3 die Prüfung bestehen.
4 in der Südsee tauchen.
5 meinen Beruf wechseln.
6 zum Mond fliegen.

c 2 einen Urlaub in Ungarn.
3 ..., berühmt zu werden.
4 den Schlüssel zum Glück.
5 weniger Müll im Meer.
6 einen Flug zum Mond.

9 Schülern, un-, Zum, Unglück, unpünktlich, unzufrieden, Julia, Unterricht

B7

1 a 1 teuer Feuer Steuer
2 sein Bein Schwein klein
3 Raum Traum Baum kaum
4 Räume Träume Bäume

2 a 1 Stau, einer, Baustelle, Ausfahrt, Kirchheim, Autobahnkreuz

2 Eis, auf, Deutschlands, Auf, kleineren, zahlreiche, Bäume, Feuerwehr, Aufräumarbeiten

3 Auf, Weilheim, Murnau, Steine, Seien, Bereich

3 2 ● Worauf freust du dich?
▲ Auf Weihnachten.

3 ● Worauf freust du dich?
▲ Auf meinen Urlaub.

4 ● Worauf freust du dich?
▲ Auf meine Freundin.

5 ● Worauf freust du dich?
▲ Auf mein neues Auto.

6 ● Worauf freust du dich?
▲ Auf den Feierabend.

4 a 1 Briefe, geschrieben, schreiben
2 nie, geblieben, bleibe, lieber
3 geheißen, heiße
4 viel, getrieben, treibe, keinen

5 a 2 a 3 d 4 b

B8

1 ● Am Samstag mache ich bei einer Kirchenführung mit.
▲ Aha. Und wo ist die Führung?

Mann: Die Tour ist in der Paulskirche.

Er sagt: Die Touristin der Paulskirche.
Er meint: Die Tour ist in der Paulskirche.

2 1 Ich bin gern auf Feiern. Das macht Spaß.
2 Ich möchte gern einmal im Leben Köln erleben.
3 Rede nicht so viel beim Essen!
4 Wer erzieht Kinder am besten?
5 Erinnerungen sind immer mit Orten verbunden.
6 Er mag Magermilch.

1 auf Feiern 2 Köln erleben
3 beim Essen 4 Wer erzieht Kinder?
5 mit Orten 6 Magermilch

4 a 2 a 3 f 4 b 5 c 6 e

5 a 1 ▲ Ja. Der Termin | ist | am Mittwoch | um | acht | Uhr.

2 ● Ich möchte | Arbeitslosengeld be|antragen.
▲ Da musst du | einen Termin bei der | Agentur für | Arbeit machen.

3 ● Am Wochen|ende gibt | es | in der Stadt | ein Fest. Mit tollen Ver|anstaltungen. Lass | uns | am Samstag hingehen.
▲ Gute | Idee. | Aber | am Samstag bin | ich schon mit | Anne ver|abredet.
● Und wie sieht | es | am Sonntag | aus?
▲ Das passt.

4 ● Be|eil dich! Wir wollten doch zum Grillfest | im Sportver|ein.
▲ Oje! Das habe | ich ganz vergessen. Ich wollte mir | einen gemütlichen Fernseh|abend machen.

C1

1 a Rand – Gras – braun – Rose – Brot – Kreis

3 a Reise – Führung – Frühstück – Kamera – Rezeption – Restaurant – reservieren – Ruhe – Rundgang – Tourist

4 a gern, Brat, großen, Paprika, trinken, Rotwein, frisch, bringe, Rechnung, Euro, wirklich

5 a 2 Technikerin 3 Künstler 4 Sänger 5 Kellnerin

c 2 ● Was machst du beruflich?
▲ Ich bin Technikerin.

3 ● Was machst du beruflich?
▲ Ich bin Künstler.

4 ● Was machst du beruflich?
▲ Ich bin Sänger.

5 ● Was machst du beruflich?
▲ Ich bin Kellnerin.

7 a 1 Spiele – Spieler
2 Liebe – lieber
3 Fehler – Fehler
4 Frage – Frage
5 Angestellte – Angestellter
6 Miete – Mieter
7 Messe – Messer
8 Reise – Reise

2 nicht gleich
3 gleich
4 gleich
5 nicht gleich
6 nicht gleich
7 nicht gleich
8 gleich

8 1 ● Mit wem fährst du in Urlaub?
▲ Mit meinen Freund**en**.

2 ● Mit wem fährst du in Urlaub?
▲ Mit meinen Elt**ern**.

3 ● Mit wem fährst du in Urlaub?
▲ Mit meinen Kolleg**en**.

4 ● Mit wem fährst du in Urlaub?
▲ Mit meinen Geschwist**ern**.

5 ● Mit wem fährst du in Urlaub?
▲ Mit meinen Cousin**en**.

6 ● Mit wem fährst du in Urlaub?
▲ Mit meinen Kind**ern**.

9 a Ich höre „r“:
Arbeit, gestorben, Herz, warten, Sorgen, Lärm

Ich höre „r“ nicht:
vorbereiten, dir, für, Jahr, sogar, mir

10 a Vater, bringt, kurzer, Mutter, vorsichtig, Tür, fragt, er, Der, antwortet, er, schnarcht

C2

1 1 leben 2 Buch 3 Dose
4 Idee 5 Regen 6 Gabel

1 Version 1
2 Version 2
3 Version 2
4 Version 1
5 Version 2
6 Version 2

2 2 ● Wo bist du?
▲ Im Garten.

3 ● Wo bist du?
▲ Auf dem Balkon.

4 ● Wo bist du?
▲ Am Bahnhof.

5 ● Wo bist du?
▲ An Gleis drei.

6 ● Wo bist du?
▲ In einem Dorf.

3 a wählt, Notruf, kommen, Tante, braucht, ist, passiert, ist, gestürzt, liegt, ist, passiert, wollte, Kartons, Keller, Licht, ist, kaputt, dunkel, hat, Treppe, nicht, gut, ist, hinuntergefallen, Ist, verletzt, blutet, Kopf, Knie, sieht komisch, schicken, Notarzt, Krankenwagen, bitte

4 a 1 alt 2 rot 3 gute 4 nette
5 kaputte 6 bunt

5 a 2 Hände 3 Wege 4 Kinder
5 Betriebe 6 Anzüge

b 1 Dieb – Diebe
2 Hand – Hände
3 Weg – Wege
4 Kind – Kinder
5 Betrieb – Betriebe
6 Anzug – Anzüge

6 a Berg gesund dort Tag
gelb Bild Durst Tipp Park
Korb Bank krank Kleid

7 a fliegen, Lieder, Urlaubs, Land, Strand, Herbst, Blätter, gelb, kalt, Wald, schneit, zeit

8 a 2 klug, klugen
3 alt, alte
4 nett, nettes
5 fremd, fremde
6 spannend, spannender

9 2 ● Wie kommst du zur Arbeit?
▲ Mit dem Bus.

3 ● Wie kommst du zur Arbeit?
▲ Mit der U-Bahn.

4 ● Wie kommst du zur Arbeit?
▲ Mit dem Auto.

C3

1 a 2 1 Nase 2 nasse
3 1 Vase 2 was
4 2 reisen 1 reißen
5 2 Wiesen 1 wissen
6 1 Füße 2 Füssen
7 2 Eis 1 heiß

c 1 Nasse Socken! Iiih!
2 Wer hat eine große Nase und große Füße?
3 Wir sehen Blumen auf den Wiesen.
4 Wir stellen die Blumen in die Vase.
5 Wissen Sie, wo die Stadt Füssen ist?
6 Wir reisen nach Füssen.
7 Was bedeutet das Wort „reißen“?
8 Magst du Eis mit heißen Himbeeren?

4 a 1 Sie mu**ss S**eife kaufen.

2 Sie muss im ganzen Hau**s s**aubermachen.

3 Sie mu**ss s**ieben Blusen bügeln.

4 Sie mu**ss s**ich die Haare schneiden.

5 Sie muss Oma**s S**uppe kochen.

6 Sie mu**ss s**ich beeilen, denn sie hat um sechs einen Termin.

5 ● Sieh dich bitte an. Wir müssen los.

Er sagt: Sieh dich bitte an.
Er meint: Zieh dich bitte an.

6 a Schweiz, Zirkus, Katze, tanzt, dazu, Moritz, sitzt, unzufriedenem, Platz, Katzen

8 a Konjugation, Präposition, Komparation

C4

1 a 2 wissen 3 schon 4 Fleisch
5 Schinken 6 tauschen

4 b 1 Straßenbahn, Haltestelle, aussteigen
2 Verspatungen
3 zusammengestoßen, Spuren, Stau

5 a 2 das Gemüse raspeln?
3 die Wäsche waschen?
4 das Geschirr spülen?
5 einen Kasten Wasser holen?
6 unsere Gäste abholen?
7 staubsaugen?

6 ● Sieh mal, die Menschen!
Die sehen total gleich aus.

Er sagt: Menschen
Er meint: Mädchen

7 2 ärgere ich mich.
3 freue ich mich.
4 fühle ich mich schlecht.
5 beschwere ich mich.
6 entschuldige ich mich.

8 a 1 noch
2 lachen, Sachen
3 Kuchen, buchen
4 Rauch, Bauch

9 a 2 Wochen 3 Töchter 4 Kuchen
5 Bücher 6 Sprachen

10 a Besuchen, doch, Neuschwanstein, Deutschlands, Menschen, besichtigen, bayerische, sich, Wochen, Märchenschloss, US-Filmemacher

11 a 2 Herr 3 alle 4 hinter 5 alt 6 ihr

12 a Hannover, Heidelberg, Hotel, Heizung, Hier

C5

1 a 1 d 2 e 4 a 5 c

b 1 Wagen, Tiefgarage
2 Wir, Abflughalle, Koffer auf
3 Wir, Kaffee
4 warten, wir, darauf, geöffnet wird
5 weit, Wir

2 a Warum, Worauf, wäre, weiß, etwas, finde

3 a 2 warum Wolken manchmal weiß und manchmal grau sind.
3 warum ein Ei in heißem Wasser hart wird.
4 warum Arme und Beine manchmal einschlafen.
5 warum uns kalt ist, wenn wir nass sind.
6 wie ein Radiergummi funktioniert.

7 1 ● Bitte sehr: Hier ist Ihr Visum.
▲ Vielen Dank.

2 ● Ich treffe gleich unsere Geschäftspartnerin.
▲ Sag ihr viele Grüße.

3 ● Heute gehe ich in einen Club feiern.
▲ Viel Spaß.

4 ● Wir haben geheiratet.
▲ Wir wünschen euch viel Glück.

5 ● Ich habe heute Prüfung.
▲ Viel Erfolg.

6 ● Was wünschst du dir?
▲ Viel Geld.

9 a 2 Pflaster 3 Kartoffel
4 Empfänger 5 Wein

b Pferd – Pflanze – Kopf – Pflaster – Topf – Pfanne – Krankenpfleger – Empfänger – Apfel – Pflaume – Pfirsich

10 a 2 d 3 a 4 b

C6

3 leise – Regen – halt – Lippe – schlank – Rand – Glas – führen – leise
Lösung: Lampe

4 a g**r**ün
Wald, Gras, Salat

rot
Blut, Lippen, Tomaten

b**l**au
Himmel, Meer

ge**l**b
Bananen, Zitronen

b Gras ist grün.
Salat ist grün.
Lippen sind rot.
Tomaten sind rot.
Der Himmel ist blau.
Das Meer ist blau.
Bananen sind gelb.
Zitronen sind gelb.

5 a 1 froh, recht, freu'n, Bald, Nikolausabend
2 stell, Teller, raus, legt
3 schlaf, träume, bringt
4 lauf, schnell, Teller

C7

1 1 Juni – Junge
2 Menge – Männer
3 hängen – Ecke
4 Hunger – hundert

3 a 2 Übersetzung
3 Rechnung
4 Bewerbung
5 Meinung

4 b 2 ● Wovor hast du Angst?
▲ Vor Krankheiten.

3 ● Wovor hast du Angst?
▲ Vor vielen Dingen.

4 ● Wovor hast du Angst?
▲ Vor Dunkelheit

5 ● Wovor hast du Angst?
▲ Vor einer Kündigung.

5 a 2 Ich habe bei Edekauf eingekauft.
3 Er hat sie zum Kaffee eingeladen.
4 Ich habe mich zum Malkurs angemeldet.
5 Das Fußballtraining hat angefangen.
6 Der kranke Mann hat den Arzt angerufen.

C8

2 a 2 jede Stunde
3 jede Woche
4 jeden Monat
5 jedes Jahr

b 1 Ich arbeite jeden Tag.
2 Der Bus fährt jede Stunde.
3 Jede Woche kommt meine Zeitschrift.
4 Jeden Monat bezahlt man die Telefonrechnung.
5 Das Sportfest findet jedes Jahr statt.

C9

1 ● Du musst das Fleisch gut beraten.

Sie sagt: beraten
Sie meint: braten

2 a 1 Kleid, klug, klappen
2 schmecken, schmutzig, Schmerzen, schmal
3 trinken, träumen, traurig, trocken
4 Straße, Strand, streiten, Stress
5 Schwein, schwimmen, schwanger, schwierig
6 Pflanze, Pflaume, Pflege, Pflaster

4 a 2 f 3 g 4 e 5 a 6 c 7 b

b 1 Geldproblem
2 Arztpraxis
3 Milchflasche
4 Herbstspaziergang
5 Kopfschmerzen
6 Rindfleisch
7 Marktplatz

Buchstaben-Laute-Tabelle

Buchstaben	Laute (phonetische Zeichen)	Beispiele
A a Aa aa Ah ah A a	[aː] [a]	• N**a**me • H**aa**re • J**ah**r • **A**rzt
Ai ai (ay)	[aɪ̯], [aɛ̯], [ae̯]	• M**ai**
Au au	[aɔ̯], [aʊ̯], [ao̯]	• H**au**s
Ä ä Äh äh Ä ä	[ɛː] [ɛ]	• K**ä**se • H**äh**nchen • B**ä**cker
Äu äu	[ɔɪ̯], [ɔy], [ɔœ̯], [ɔø̯]	• B**äu**me
B b bb -b	[b] [p]	• **B**ett • Ho**bb**y gel**b**
C c	[k] [ts] [s] [tʃ]	• **C**omputer **c**irca • **C**ent • **C**ello
Ch ch	[χ] [ç] [tʃ] [ʃ] [k]	• Bu**ch** i**ch** • **Ch**ili • **Ch**ef • **Ch**arakter
chs	[ks]	se**chs**
ck	[k]	• Ro**ck**
D d dd -d -dt	[d] [t]	**d**anke • Te**dd**y • Gel**d** • Sta**dt**

Buchstaben	Laute (phonetische Zeichen)	Beispiele
E e **ee** **eh** **E e** **e**	[eː] [ɛ] [ə]	● W**e**g ● T**ee** z**eh**n ● B**e**tt tanz**e**n, b**e**such**e**n
Ei ei (ey)	[aɪ̯], [aɛ̯], [ae̯]	● Schw**ei**z
Eu eu	[ɔɪ̯], [ɔy], [ɔœ̯], [ɔø̯]	d**eu**tsch
er	[ɐ]	● Mutt**er**
F f **ff**	[f]	● **F**isch ● Karto**ff**el
G g **gg** **G g**	[g] [ʒ]	● **G**arten jo**gg**en ● Oran**g**e
-g	[k]	● Ta**g**
-gs	[ks]	unterwe**gs**
-(i)g	[ç]	fünfzi**g**
H h **h**	[h] -	● **H**and ● U**h**r
I i **ie** **ieh** **ih** **I i**	[iː] [ɪ]	● K**i**no ● Br**ie**f du s**ieh**st **ih**n ● K**i**nd
J j	[j] [d͡ʒ] [ʒ]	● **J**acke ● **J**azz **j**onglieren
K k **kk**	[k]	● **K**uchen ● A**kk**usativ
ks	[ks]	lin**ks**

Buchstaben	Laute (phonetische Zeichen)	Beispiele
L l **ll**	[l]	• **L**ampe a**ll**e
M m **mm**	[m]	• **M**ilch i**mm**er
N n **nn**	[n]	• **N**ase kö**nn**en
ng	[ŋ]	• Hu**ng**er
nk	[ŋk]	kra**nk**
O o **Oh oh** **oo** **O o**	[oː] [ɔ]	r**o**t w**oh**nen • Z**oo** • **O**rdner
oi (oy)	[ɔɪ̯], [ɔy], [ɔoe̯], [ɔø̯]	Al**oi**s
Ö ö **Öh öh** **Ö ö**	[øː] [oe]	• **Ö**l • S**öh**ne • L**ö**ffel
P p **pp**	[p]	**p**utzen • A**pp**etit
Pf pf	[pf]	• A**pf**el
Ph ph	[f]	• **Ph**ysik
Qu qu	[kv]	• **Qu**atsch
R r **rr**	[ʁ], [ʀ], [r]	• **R**egen • He**rr**
-r	[ɐ]	• Natu**r**
S s **ss** **ß**	[z] [s]	• **S**alat • Bu**s** • Wa**ss**er • Fu**ß**

Buchstaben	Laute (phonetische Zeichen)	Beispiele
Sch sch	[ʃ]	• **Sch**ule
Sp sp	[ʃp] [sp]	**sp**ielen • A**sp**iration
St st	[ʃt] [st]	• **St**uhl • Po**st**
T t tt Th th	[t]	• **T**och**t**er • Bu**tt**er • **Th**eater
-t(ion) ts tz	[ts]	• Informa**t**ion rech**ts** • Ka**tz**e
U u Uh uh U u	[uː] [ʊ]	• J**u**ni • Sch**uh** • St**u**nde
Ü ü Üh üh Ü ü	[yː] [ʏ]	• Gem**ü**se fr**üh** • R**ü**cken
V v	[f] [v]	• **V**ater • **V**ase
W w	[v]	• **W**olke
X x	[ks]	• Ta**x**i
Y y	[yː] [ʏ] [j] [i]	• T**y**p • S**y**mbol • **Y**oga • Part**y**
Z z zz	[ts]	• **Z**ucker hei**z**en • Pi**zz**a

Das Trio mit Erfolgsgarantie!

Einzigartige Trainingsbücher für Deutschlernende auf dem Niveau A2. Abwechslungsreiche Übungen mit Illustrationen und Lösungen im Anhang sorgen für erfolgreiches Lernen.

Bildnachweis © Wayhome Studio - stock.adobe.com

Deutsch üben
Hören & Sprechen A2
116 Seiten
Format: 16,8 x 24,0 cm, kartoniert
ISBN 978-3-19-677493-1

Deutsch üben
Lesen & Schreiben A2
112 Seiten
Format: 16,8 x 24,0 cm, kartoniert
ISBN 978-3-19-517493-0

Deutsch üben
Wortschatz & Grammatik A2
128 Seiten
Format: 16,8 x 24,0 cm, kartoniert
ISBN 978-3-19-857493-5

www.hueber.de/deutsch-lernen

Hueber